महाकवि भवभूति

स्वराज संस्थान संचालनालय
संस्कृति विभाग, मध्यप्रदेश शासन

महाकवि भवभूति

अनुरचना

डॉ. भास्कराचार्य त्रिपाठी

राजकमल प्रकाशन

ISBN : 978-81-267-1106-2

मूल्य : ₹199

पहला संस्करण : 2006
This book is printed on **Print on Demand** Technology : 2025

प्रकाशक : राजकमल प्रकाशन प्रा. लि.
1-बी, नेता जी सुभाष मार्ग, दरियागंज
नई दिल्ली-110 002
शाखाएँ : अशोक राजपथ, साइंस कॉलेज के सामने, पटना-800 006
पहली मंजिल, दरबारी बिल्डिंग, महात्मा गांधी मार्ग, प्रयागराज-211 001
1, अनमोल सोराबजी संतुक लेन, धोबी तलाव, मरीन लाइंस, मुम्बई-400 002
स्वराज संस्थान संचालनालय संस्कृति विभाग,
मध्यप्रदेश शासन रवीन्द्र भवन परिसर, भोपाल-462002
वेबसाइट : www.rajkamalprakashan.com
ई-मेल : info@rajkamalprakashan.com

MAHAKAVI BHAVBHOOTI
by Dr. Bhaskaracharaya Tripathi

अक्षयनिधि

सांस्कृतिक चेतना के विकास के उद्देश्य से *स्वराज संस्थान संचालनालय*, भोपाल के द्वारा *अक्षयनिधि* प्रकाशनमाला के अंतर्गत सभी समय के शीर्ष रचनाकारों और चिन्तकों की कृतियों के सुबोध संस्करण के प्रकाशन की महत्तर योजना है।

कालिदास, भर्तृहरि, भास, वराहमिहिर, वररुचि, भवभूति, पतंजलि, भास्कराचार्य, बाणभट्ट, राजशेखर, भोजदेव से लेकर तानसेन, केशव, पद्माकर, ईसुरी, स्वामी प्राणनाथ, स्वामी सेन, संत पीपा, स्वामी धर्मदास, गदाधर भट्ट, हरिदास स्वामी, संत सिंगाजी, चंद्रशेखर आजाद, महात्मा अक्षर अनन्य, माखनलाल चतुर्वेदी, बालकृष्ण शर्मा 'नवीन', सुभद्राकुमारी चौहान, वियोगी हरि, मुक्तिबोध, नरेश मेहता, पंडित सूर्यनारायण व्यास, डॉ. शिवमंगल सिंह 'सुमन' ये – ऐसे नाम हैं जिन्होंने अपने कृतित्व और प्रखर चिन्तन से हमारे समाज और संस्कृति को उत्कर्ष देने का काम किया है। ये हमारी महानतम *अक्षयनिधि* हैं। सौभाग्य से इनकी कर्मभूमि मध्यप्रदेश रहा है। उपर्युक्त नामों के अतिरिक्त भी कई और शीर्ष नाम हो सकते हैं, जिन्हें हम *अक्षयनिधि* योजना में शामिल करना चाहेंगे। इससे हमारा सांस्कृतिक पर्यावरण बेहतर होगा।

संस्कृति केवल कलात्मक रुचि की भूमि नहीं है, यह स्वाधीन चेतना की कसौटी भी है। किसी राष्ट्र और समाज की स्वराज-भावना कितनी प्रबल है, यह उसकी सांस्कृतिक गतिविधि और रुचि में प्रकट होती है। हमारी प्रकाशन योजना में शामिल हुए महापुरुष अपने-अपने समय में विशाल बौद्धिक और सामाजिक आन्दोलनों के प्रेरणास्रोत और मनुष्य की स्वाधीनता के सजग चिन्तक रहे हैं। इनका महत्त्व दमन, अज्ञान, अंधविश्वास के विरुद्ध सामाजिक स्वाधीनता के लिए किये गये संघर्ष में है। इनके कृतित्व का भी गहरे अर्थों में महान राजनीतिक मूल्य है। सांस्कृतिक अनुष्ठानों के बगैर राजनीतिक अभियानों में नैतिक शक्ति आ

ही नहीं सकती। इसलिए यह अनुष्ठान हर दौर में जरूरी रहा है। अँगरेज़ी हुकूमत के दौर में, और उसके पहले भी; और आज भी इसका महत्व उतना ही है। कई मायने में पहले से ज्यादा।

अक्षयनिधि के रूप में हमने जिन कृतियों का चुनाव किया है, उनमें से अधिकांश सहज उपलब्ध नहीं हैं। कुछ तो लगभग अप्राप्य हैं। दूसरी बात, पुरानी कृतियों को आधुनिक भाषाओं में लाने और लोकप्रिय स्वरूप देने के प्रयास बहुत कम हुए हैं। अनूदित रूप में अकादेमिक उपयोग की वस्तुएँ ही अधिक दिखाई पड़ती हैं। यह सब देखते हुए हमने *अक्षयनिधि* के अंतर्गत महान कृतियों के मूल पाठ के साथ-साथ बोधगम्य भाषान्तरण अथवा पुनर्रचना को बड़े पाठक समुदाय तक पहुँचाने का संकल्प किया है। आधुनिक लेखकों की कृतियों के प्रकाशन में भी हम उनके लोकग्राही स्वरूप पर विशेष ध्यान रखेंगे। पहले क्रम में भर्तृहरि की शतकत्रयी से चुने हुए श्लोकों की अनुरचना, वराहमिहिर द्वारा भू-जल उपयोग पर केंद्रित कृति 'जल जीवन है', भवभूति की 'उत्तर-रामचरित', भोजदेव की 'समरांगण सूत्रधार' और महाकवि कालिदास की अनन्य कृति प्रस्तुत कर रहे हैं। आशा है कि हमारा यह प्रयास वृहत्तर समाज के विकास और सांस्कृतिक जरूरतों को पूरा करने में सहयोगी होगा।

श्रीराम तिवारी

संचालक

स्वराज संस्थान संचालनालय

संस्कृति विभाग, मध्यप्रदेश शासन, भोपाल

निलिम्प - स्नेहपात्राय
बाबा - श्रुतिविधायिने
चिरायुषे कृतिः सेयं
हेरम्बाय समर्प्यते।

जो प्रीति-पात्र निलिम्प के, बाबा कहें खुशियाँ भरें
युग-युग जिएँ हेरम्ब, यह कृति उन्हें न्योछावर करें।

कामान् दुग्धे विप्रकर्षत्यलक्ष्मीं
कीर्त्तिं सूते दुष्कृतं निष्प्रलाति
शुद्धां शान्तां मातरं मङ्गलानां
धेनुं धीराः सूनृतां वाचमाहुः ।

उत्तर-रामचरित 5.31

सत्य और प्रिय वाणी मनोरथ पूर्ण करती है,
दीनता दूर कर कीर्त्ति का विस्तार करती
तथा पापों को नष्ट कर देती है। शुद्ध, शान्त
और कल्याणप्रद वाणी को ही सुधीजन
कामधेनु कहते हैं।

अनुक्रम

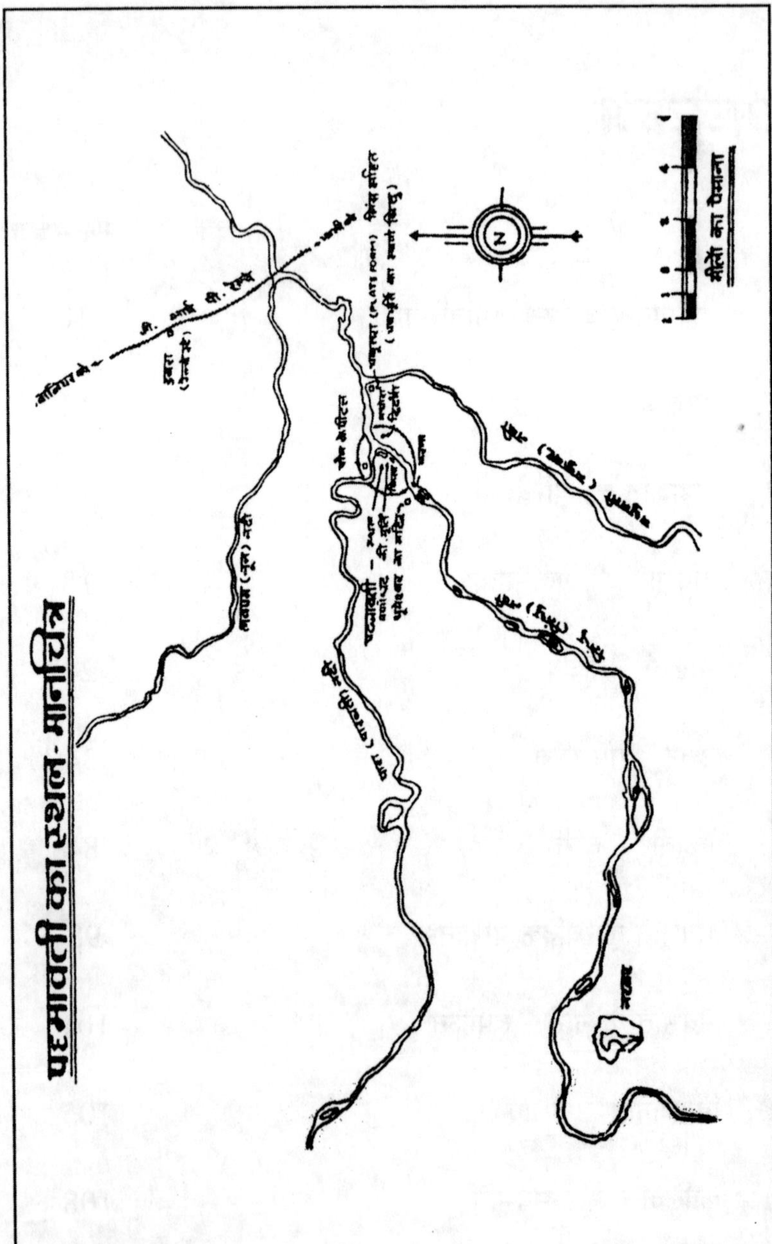
पद्मावती का स्थल-मानचित्र
मीलों का पैमाना

प्रस्तावना

वैदिक गरिमा और भारतीय लोक-परम्परा के समुच्छल शब्दशिल्पी महाकवि भवभूति आधुनिक कविता के जनक कहे जा सकते हैं। उनका काव्यमार्ग रसपेशल होकर भी वक्रोक्ति-बहुल है। कुन्तक के वक्रोक्ति-जीवित में बहुधा उदाहृत राजशेखर ने उसी मार्ग का उल्लेख करते हुए जो नाम गिनाए हैं, वे इस भाँति हैं :

बभूव वल्मीकभवः पुरा कविस्ततः प्रपेदे भुवि भर्तृमेण्ठताम्

स्थितः पुनर्यो भवभूतिरेखया स वर्तते सम्प्रति राजशेखरः।

बालरामायण 1, 16

अर्थात् आदिकवि वाल्मीकि अगले जन्म में (वक्रोक्ति-प्रवण महाकवि) भर्तृमेण्ठ हुए। उन्होंने पुनः भवभूति का अवतार लिया और वर्तमान समय में वे ही राजशेखर के रूप में हैं। ध्यान देने योग्य है कि आनन्दवर्धन के ध्वन्यालोक में बहुधा उदाहृत ध्वनि-बहुल महाकवि कालिदास को इस पंक्ति में नहीं रखा गया है। भवभूति स्वयं भी अपनी कृतियों में इस वक्रोक्ति को ही-

यत् प्रौढित्वमुदारता च वचसां यच्चार्थतो गौरवम्।

मालती-माधव 1.8

अर्थ–गाम्भीर्य से युक्त उक्तियों की प्रौढ़ता और उदारता कहकर संकेतित करते हैं।

पहले मैं भवभूति की उक्तियों में अर्थ की गहराई से इतना परिचित नहीं था। यह अवश्य है कि सन् 1966-67 से ही अनुवाद पद्धति के द्वारा राधावल्लभ त्रिपाठी जैसे शिष्यों को उत्तर-रामचरित पढ़ाने का अनुभव प्राप्त कर लिया था। एक बार ऐसा संयोग बना कि साहित्य के दो महारथी आचार्य श्रीनिवास रथ, डॉ. कमलेश दत्त त्रिपाठी और मैं यू.जी.सी. के विज़िटिंग फेलो का दायित्व निभाने के लिए एक साथ ही इन्दिरा कला संगीत विश्वविद्यालय खैरागढ़ पहुँचे। वहाँ एक दिन टीचर्स होस्टल की चर्चाओं में मैं भवभूति के काव्य-बन्धों के विरुद्ध बोलता हुआ उनकी आलोचना कर रहा था। कमलेश दत्त जी मुझे छूट-सी देते हुए सुनते जा रहे थे, पर थोड़ी देर में चुपचाप बैठे मित्रवर आचार्य रथ पर मेरी दृष्टि गई तो मैं चौंक गया। उनके नेत्रों से अविरल अश्रु-धारा बहती जा रही थी। मुझे विना कहे ही अपनी गल्तियों का एहसास हो गया। इस

सन्दर्भ का उल्लेख करने पर बाद में कई वरिष्ठ विद्वानों ने कहा कि शब्दब्रह्म-वेत्ता भवभूति धीरे-धीरे समझ में आते हैं और उन्हें समझ लेना आत्म-साक्षात्कार से कुछ कम नहीं है।

इधर प्रदेश शासन ने म.प्र. संस्कृत अकादेमी के संस्थापक सचिव का गौरव मुझे ही प्रदान किया। अकादेमी द्वारा 1986 से प्रतिवर्ष डबरा-पवाया की शोध सर्वेक्षण यात्रा के साथ ग्वालियर में त्रिदिवसीय भवभूति-संगोष्ठी के गरिमापूर्ण आयोजन किए जाते रहे। यह परम्परा अब भी नित-नए उल्लास के साथ भव्य राष्ट्रीय समारोह के रूप में निखरती आ रही है। वस्तुतः 1915-16 में पवाया के उत्खनन से यह सुनिश्चित हो गया था कि नाग शासकों की सुन्दरतम राजधानी और महाकवि भवभूति की रचना-स्थली पद्मावती यही है।[1] अतः पहले वर्ष से ही जब भवभूति-संगोष्ठी का उपक्रम हुआ तो अतिथि और सुदूर अंचलों से नामी-गिरामी विद्वान् और कलाकार ग्वालियर आते रहे। उस संभाग के विभिन्न उद्योग, नगर-निगम और शैक्षणिक संस्थानों के साथ जनता में अपने आदि कलापुरुष को जानने-सुनने की अपूर्व उत्सुकता दृष्टिगोचर होती रही।

मालती-माधव की नायिका जैसी बकुल-मालाओं से सजी-सँवरी असंख्य मृण्मूर्तियाँ जो पवाया से मिली हैं, उनकी प्लास्टर आफ़ पेरिस और बोन-चाइना में ढली नयनाभिराम प्रतिकृतियाँ दूर-दूर तक विभिन्न कला-दीर्घिकाओं में आकर्षण का केन्द्र बन रही हैं। अब जीवाजी विश्वविद्यालय ग्वालियर के आमंत्रण पर अन्तर्विश्वविद्यालयीन प्रतियोगिताओं में समूचे देश की तरुण प्रतिभाएँ एकत्र होकर साल-दर-साल भवभूति को नाट्यचेतना से तदाकार होती हैं।

इस सांस्कृतिक पुनर्जागरण के सोपान पर स्वराज संस्थान संचालनालय के प्रकाशनार्थ 'महाकवि भवभूति' का सांकेतिक अनुवाद और परिचय प्रस्तुत करते हुए

---

1. मालतीमाधव के अतिरिक्त विष्णु पुराण, हर्षचरित, सरस्वतीकण्ठाभरण और खजुराहो के शिलालेख आदि में विशाल प्राचीन नगरी पद्मावती का वर्णन मिलता है, यथा :

आसीदप्रतिमा विमानभवनैराभूषिता भूतले
लोकानामधिपेन भूमिपतिना पद्मोत्थवंशेन या
केनापीह निवेशिता कृतयुग-त्रेतान्तरे श्रूयते
सच्छास्त्रे पठिता पुराणपटुभिः पद्मावती प्रोच्यते।

खजुराहो के शिलालेख–इ. 1
प्रथम खण्ड, पृ. 149

मुझे बड़ी कृतार्थता का अनुभव हो रहा है।

पुस्तक के लघु कलेवर में सहृदय पाठकों को जो भी विशेषता मिले वह संचालनालय के यशस्वी निदेशक डॉ. श्रीराम तिवारी जी की और जो कमी मिले वह मेरी मान ली जाए।

धन्यो जनश्चरति योऽत्र विकीर्णभूत्या-
माचामतीह नद-निर्झरवारि यश्च,
कस्मान्न गालवपुरी प्रगताऽस्तु नित्यं
वव्रेवतारमिह शाम्भवभूतिरेव।

—(डॉ.) भास्कराचार्य त्रिपाठी

42 गोमती कालोनी,
कोटरा (नेहरू नगर)
भोपाल-3

महाकवि का परिवेश

विश्व-नाट्य के सर्वश्रेष्ठ रससिद्ध हस्ताक्षर महाकवि भवभूति सातवीं शताब्दी के उत्तरार्द्ध में उत्पन्न हुए थे। कल्हण की राजतरङ्गिणी के अनुसार वे कुछ समय तक कन्नौज-नरेश यशोवर्मा (733 ई.) के दरबार में रहे-

कविर्वाक्पतिराजश्रीभवभूत्यादिसेवितः
जितो ययौ यशोवर्मा तद्गुणस्तुतिवन्दिताम्। 4.144

महाकवि की किसी रचना में यशोवर्मा का उल्लेख न होने से वृद्धावस्था में उनका कन्नौज रहना सूचित होता है। यह भी संभव है कि वहाँ से विजेता ललितादित्य के साथ जाकर अन्तिम समय में वे काश्मीर रहे हों।[1]

भवभूति का प्रारम्भिक जीवन-वृत्त उनकी कृतियों की प्रस्तावना में संकेतित और विशेषः मालती-माधव प्रकरण में प्रतिविम्बित है।[2] उनके पूर्वज दक्षिण भारत के किसी पद्मपुर नगर में रहते थे। काश्यप गोत्र के कृष्ण-यजुर्वेदी कुल में यशस्वी पिता नीलकण्ठ और माँ जतुकर्णी से होनहार पुत्र श्रीकण्ठ का जन्म हुआ था। वे ही 'भवभूति' काव्यात्मक उपनाम से प्रसिद्ध हुए।

पद्मपुर की पहचान आज भी शोध-सापेक्ष है। मालती-माधव के टीकाकार जगद्धर, पुरातत्त्ववेत्ता एम.बी. गर्दे तथा ग्वालियर के एम.वी. लेले ने अपनी पुस्तक 'मालती-माधव सार आणि विचार' में सिद्ध किया है कि पद्मावती (डबरा के निकट पवाया) भवभूति की जन्मभूमि थी।[3] डॉ. आर.जी. भण्डारकर ने महाराष्ट्र में चन्द्रपुर या चाँदा के समीप[4] और वी.वी. मीराशी ने भण्डारा जिले में उसी नाम के एक छोटे-से गाँव को पद्मपुर माना है।[5]

---

1. E.P. Horrwitz–The Indian Theatre (Bombay 1912), P. 128
2. S.K. Belvalkar–Rama's Later History. Introduction, P. XXXVII
3. V.V. Mirashi–Studies in Indology, Vol. I, P. 22-23
4. मालती-माधव (1905) नोट्स, पृ. 8
5. Studies in Indology, Vol. I, P. 21-34

वस्तुतः भवभूति-विरचित मालतीमाधव का सूक्ष्मातिसूक्ष्म समूचा प्राकृतिक परिवेश ग्वालियर-डबरा के निकट पदम-पवाया में ज्यों का त्यों मिल गया है (द्रष्टव्य मानचित्र)। प्रकरण में वर्णित सरिताएँ सिन्धु, पारा, लवणा और मधुमती आज भी वहीं काली सिंध, पारबती, लून और महुवर नामों से प्रवाहित हो रही हैं। सुवर्ण बिन्दु भगवान् शिव अब भी सोनबिन्दु कहे जाते हैं। इधर उत्खनन में एक विशाल सोपान-कृतपीठक चतुरश्र नाट्य-मंच और प्राचीन राजधानी के अवशेष भी पवाया में मिले हैं।[1]

महाकवि की रचनाओं में केवल एक तिथि विशेष आग्रहपूर्वक तीन बार संकेतित हुई है - वह है कृष्ण चतुर्दशी।[2] इस तिथि पर शक्ति-साधना[3] तथा स्त्रियों द्वारा सौभाग्यवृद्धि के लिए शिव-पूजा का भी उल्लेख है। इस भाँति यह फाल्गुन शिवरात्रि की तिथि उनकी जन्मतिथि के रूप में निर्धारणीय है।

यदि किसी अन्य पद्मपुर से विद्याध्ययन अथवा वैवाहिक सन्दर्भवश भवभूति पद्मावती पहुँचे, तो भी यहाँ आकर यहीं के हो गए। उनका साहित्य, रंगकर्म और शिव मेले में खेले गए नाटक पदम-पवाया में ही पल्लवित हुए। अवस्था के चतुर्थ चरण में जब वे कन्नौज और काश्मीर पहुँचे, तब अपने नाट्यमंचन का परिवेश छूटने पर उनका 'पदवाक्यप्रमाणज्ञ'[4] व्यक्तित्व एक दार्शनिक के रूप में प्रतिष्ठित हुआ। आचार्य बलदेव उपाध्याय के अनुसार 'जिस प्रतिभाशाली विद्वान् ने नाटकों में अपना नाम भवभूति रखा, उसी ने मीमांसा शास्त्र के ग्रन्थों में अपना उम्बेक नाम दिया तथा उसी ने कालान्तर में शंकराचार्य के द्वारा अद्वैत मत में दीक्षित होने पर सुरेश्वराचार्य के नाम से प्रख्याति प्राप्त की।'[5]

---

1. आर्केलाजिकल सर्वे आफ़ इंडिया (1915-16), पृ. 101-109, विस्तृत विवरण हेतु द्रष्टव्य : पद्मावती - डॉ. मोहनलाल शर्मा, म.प्र. हिन्दी ग्रन्थ अकादमी, 1971
2. मालती-माधव, पृ. 124, 287 तथा महावीर चरित, पृ. 250
3. कृष्णायां वा चतुर्दश्यामष्टम्यां वा समाहितः ददाति प्रतिगृह्णाति नान्यथैषा प्रसीदति। (दुर्गासप्तशती कीलक)
4. मालती-माधव आदि तीनों रूपकों की प्रस्तावना में उल्लिखित
5. संस्कृत सुकवि समीक्षा (प्रथम संस्करण), पृ. 322

धार्मिक आस्थाओं के क्षेत्र में महाकवि की दृष्टि उदार और समन्वयवादी थी।[1] राम तथा शिव दोनों के प्रति उनकी अगाध भक्ति थी। गणेश, सूर्य, सरस्वती, गङ्गा और पृथ्वी के प्रति उन्होंने यत्र-तत्र आस्था व्यक्ति की है। वे चैतन्य ज्योति ब्रह्म के प्रति श्रद्धावान् थे, पर उनकी कला वाक् के निराकार रूपों के प्रति श्रद्धालु थी। यही नहीं, बौद्ध संन्यासिनी कामन्दकी के लिए भी उन्होंने समाज का आदर भाव जगाया है।

संस्कृत भाषा पर उनका असामान्य अधिकार था। समीक्षकों के अनुसार ऐसा प्रतीत होता है कि भवभूति ने अपने अध्ययनकाल में अनेक संस्कृत कोशों को कंठाग्र किया होगा। उनका अपने आपको 'वश्यवाक्' कहना उचित ही है।[2] नाट्य-शिल्प में पिरोई हुई महाकवि की तीनों कालजयी कृतियों का क्रम-निर्धारण एवं विकासशील रचना-प्रविधि का परिचय आगे दिया जा रहा है।

---

1. संस्कृत कवियों के व्यक्तित्व का विकास, पृ. 185
2. वही, पृ. 196

भवभूति की शब्द-यात्रा

महाकवि भवभूति एक बहुश्रुत और अत्यन्त संवेदनशील शब्द शिल्पी थे। वेद, उपनिषद्, सांख्य, योग, न्याय, मीमांसा, कामशास्त्र, नाट्यशास्त्र, पुराण, साहित्य, व्याकरण और लोकवार्ता आदि बहुशाख ज्ञान-प्रविधियों में वे पारङ्गत थे।[1] लौकिक संस्कृत कवियों में कई श्रेष्ठ हस्ताक्षर उभरे, किन्तु उनमें 'शब्दब्रह्मविद्' होने की कीर्ति केवल भवभूति को मिल पाई है।[2] उन्होंने तीन कालजयी रूपक लिखे ही नहीं, स्वयं नट बन कर उन्हें खेले भी हैं- इस तथ्य के स्पष्ट उल्लेख रूपकों की प्रस्तावना और भरतवाक्य में मिलते हैं।[3] भवभूति, उनका परिवेश और उनकी विश्वजनीन संवेदनाएँ सभी एकदम प्रत्यक्ष सी इन कृतियों में अंकित हैं। कवि की शब्द-यात्रा उनके क्रमविकासी व्यक्तित्व का स्पष्ट रूपायन करती है। पर, दुर्भाग्य से इस दिशा में शोधकर्ताओं ने अभी तक गम्भीर और पर्याप्त विवेचन नहीं किये हैं। और तो और, सम्यक् पाठान्तरों का आकलन करती एक प्रामाणिक भवभूति -ग्रन्थावली का प्रकाशन तक नहीं किया जा सका है। मेरी दृष्टि में भवभूति की रचनाओं का जो क्रम अभी तक विद्वान् निर्धारित करते हैं, वह भी ठीक नहीं है। कवि के शब्द-विकास, रचना-पाक और मान्यता-सन्दर्भ एक दूसरा ही क्रम संकेतित करते हैं।

अभी यह माना जाता है कि प्रस्तावना में विस्तृत परिचय होने से महावीरचरित उनकी पहली रचना है। उसकी आलोचना का प्रत्युत्तर 'ये नाम केचिदिह नः प्रथयन्त्यवज्ञां'[4] मालतीमाधव की प्रस्तावना में है, अतः वह दूसरी हुई। फिर नाट्यकला और चूडान्त परिपाक की दृष्टि से उत्तररामचरित कवि की तीसरी एवं अन्तिम रचना है।[5]

1. यद् वेदाध्ययनं तथोपनिषदां सांख्यस्य योगस्य च ज्ञानं मालती-माधव 1.8
   - पदवाक्यप्रमाणज्ञो भवभूतिर्नाम, वही पृ. 12; उत्तर-रामचरित, पृ. 13; महावीरचरित, पृ. 5
   - औद्धत्यमायोजितकामसूत्रम् - मालती-माधव 1.4, चौखम्बा, 1971
   - निसर्गसौहृदेन भरतेषु वर्तमानः, वही पृ. 12
   - चित्राः कथा वाचि विदग्धता च., वही 1.4
   - गुणैः सतां न मम को गुणः प्रख्यापितो भवेत्, वही 1.7
2. शब्दब्रह्मविदः कवेः परिणतप्रज्ञस्य वाणीमिमाम्, उत्तर-रामचरित 7.21
3. कविमित्रधेयमस्माकम्, महावीर चरित, पृ. 6; चौखम्वा, 1955
   - अभिनयैर्विन्यस्तरूपाम्, उत्तररामचरित 7.21 (साहित्य भण्डार मेरठ 1991) आदि
4. मालती-माधव 1.6
5. महाकवि भवभूति - डॉ. गङ्गासागर राय (चौखम्बा 1990), पृ. 35-36

पण्डित टोडरमल, डॉ. भण्डारकर और चन्द्रशेखर पाण्डेय आदि की इस स्थापना में आंशिक संशोधन करते हुए शारदारञ्जन रे और ब्रह्मानन्द शुक्ल मालतीमाधव को क्रमशः अन्तिम एवं प्रथम रचना मानते हैं।[1] महावीरचरित और उत्तरचरित की पूर्वापरता के विषय में प्रायः सभी विद्वान् एकमत हैं। डॉ. राधावल्लभ त्रिपाठी महावीरचरित को पहली रचना मानते हुए मालतीमाधव और उत्तरचरित के प्रणयन-काल में एक लम्बे अन्तराल की भी परिकल्पना करते हैं।[2]

1. उत्तररामचरितम्, भूमिका (ब्रह्मानन्द शुक्ल एवं शुक्लबन्धु), पृ. 19
2. भवभूति ने अपने भीतर ही भीतर एक बहुत लम्बी यात्रा तय की है और उत्तररामचरित में आकर वह उस हीनभावना से ऊपर उठ चुका है, जिससे वह आरम्भ में ग्रस्त था। उसका आक्रोश और विक्षोभ घुलकर बह चुका है, मालती-माधव और उत्तरामचरित के (संभवतः काफी लम्वे) अन्तराल में भवभूति ने लगता है, एक बड़ी साधना क़ी है, जिसका परिणाम है। उसके व्यक्तित्व का परिष्कार : संस्कृत कवियों के व्यक्तित्व का विकास, पृ. 192

ऐसा नहीं कि ये निर्णय सुविचारित न हों। उत्तररामचरित महाकवि की सर्वङ्कष कृति है, इसमें दो राय नहीं है। पर, आत्मा के चिरसंस्कारी और नित्यचेतन होने से कवि की सर्वश्रेष्ठ रचना किसी कालखण्ड में उद्‌भूत हो सकती है। उसके लिए उसका वृद्ध होना कोई अनिवार्यता नहीं है। रचनाओं के भौतिक स्वरूप अर्थात् उनकी वर्णन-प्रविधियाँ और कवि की शब्द-यात्रा[1] का आकलन इस विषय में अधिक निर्णायक हो सकता है। इन कसौटियों पर सभी कृतियों का परीक्षण किया जाए, तो उनका निम्नांकित क्रम निर्धारित होता है : प्रथम - मालतीमाधव प्रकरण, द्वितीय - उत्तररामचरित और तृतीय- महावीरचरित नाटक। इस क्रम के विनिश्चय हेतु यहाँ इन कृतियों के कुछ वर्णनीय विषय और अनन्तपार शब्दशास्त्र से 'बटलोई के चावल जैसे' कुछ कन्प्रत्यान्त शब्द- प्रयोगों पर विमर्श कर लेना पर्याप्त होगा।

1. मालतीमाधव प्रकरण में कवि तरुण है।[2] वह माधव के बहाने अपने ही विद्यार्थी जीवन, प्रणय-संरम्भ और पद्‌मावती-परिवेश के रूपायन में संलग्न है।[3] कवि का साहित्यिक उत्कर्ष स्थापित मानदण्डों को चुनौती देता हुआ भी अपने में स्थिर नहीं है। वह कहीं प्रकरण को नाटक कहता है और कहीं प्रौढ़त्व के स्थान पर प्रौढ़ित्व जैसे लचर प्रयोग करता है।[4] उसके अनेक गद्यबन्ध मञ्चीय वार्तालाप की दृष्टि से सर्वथा अनुपयोगी हैं और किसी अधलिखी आख्यायिका के नाट्य रूपान्तरण-से प्रतीत होते हैं।[5] एक प्रसंग में तो अनौचित्य की हद हो गई है। तीसरे अंक में नेपथ्य से एक मुनादी की जाती है कि लोहे का बाड़ा तोड़कर यह खूँखार बाघ इधर झपटता आ रहा है। यह सूचना सौ शब्दों से भी लम्बे समासबन्ध द्वारा दी जाती है[6] और विशेष्य तथा क्रिया

---

1. वाक्प्रतिष्ठानि देहिनां व्यवहारतन्त्राणि - मालती-माधव, पृ. 187
2. वही, 1.16-18
3. S.K. Belvalkar–Rama's later History, Introduction, P. XXXVII
4. मालती-माधव 1/8
5. उदाहरणार्थ - लवङ्गिका की उक्ति-सखि, एष खलु मधुरमधुरसार्द्र-मञ्जरीकवलन-केलिकल-कोकिलकुल-कोलाहलाकुलित-सहकार-शिखरोड्डीन-चटुलचञ्चरीकनिकर-व्यतिकरोद्दलित-दलकराल चम्पकाधिवासमनोहरो मरालजघनपरिणाहोद्वहनमन्थरोरुभरविसंस्थुलस्खलितचरण-संचरणोपनीत-स्वेदशीकरसुधा-बिन्दूज्ज्वल-मुग्ध-मुखचन्द्र-चन्दनायमान-शीतल-स्पर्शस्त्वां परिष्वजति कुसुमाकरोद्यानमारुतः, वही, पृष्ठ 129 (संस्कृतच्छाया)
6. वही, पृ. 160-163।

दुष्ट-शार्दूलः कृतान्तलीलायितं करोति का उल्लेख पूरे आनुप्रासिक वर्णन के अन्त में किया जाता है।

कवि ने अनेक संवेदनाओं की कसमसाहट अभिव्यक्त करने के लिए अज्ञात, कुत्सित, संज्ञा, अनुकम्पा, जाति, अल्प और ह्रस्व आदि अर्थों में प्रयुक्त होने वाले 'हर मर्ज के एक ही इलाज' कन् प्रत्यय[1] का सहारा ले रखा है। ठन्, ठक्, वुञ्, ण्वुल्[2] प्रत्ययों को छोड़ें - अकेले कन् का प्रकरण के प्रथम अंक में बारह बार प्रयोग पटिका, वामकेन, अङ्गकैः, प्रतिच्छन्दकं, वैजयन्तिका, आवलीकम्, निरर्थकम्, करेणुका, कदम्बकं, धात्रेयिका, अङ्गुलीकः, फलकम् आदि[3] भवभूति को कान्त-कवि की पहचान दे देता है।

2. उत्तररामचरित नाटक मालतीमाधव के काम से राम के प्रति आस्था की संक्रान्ति है। कवि अभी भक्त नहीं बना है, वह असामान्यतया सीता-राम के शृंगारी प्रसंग उद्भावित करता है।[4] उसकी वाणी अभी पूरी तरह वश में नहीं, 'वश्या इव' है।[5] साहित्य एवं रंगकर्म में सक्रिय संलग्नता के कारण पैतृक श्रोत्रिय-कुल से उसकी अनबन हो गई है। वह प्रस्तावना में केवल जतुकर्णीपुत्रः मातृकुल से अपना परिचय देता है और वसिष्ठ संदर्भ में श्रोत्रियों को मांसभक्षी बाघ कहने से चूकता नहीं है।[6] उसने अभी वाल्मीकि, भास और कालिदास की ही रामकथा आत्मसात् कर उसमें आन्तरिक संवेदनाएँ अभिषिक्त की हैं। वह अपनी रामकथा का उन्मेष नहीं कर पाया है। चित्रवीथी में लक्ष्मण द्वारा 'एते वयमयोध्यां प्राप्ताः' तथा राम द्वारा (सास्रम्) स्मरामि हन्त! स्मरामि।

---

1. द्रष्टव्य अष्टाध्यायीसूत्र, अज्ञाते 5.3.73 (कस्यायमश्वो अश्वकः), कुत्सिते 5.3.74 (कुत्सितोऽश्वो अश्वकः), संज्ञायां कन् 5.3.75,87 (शूद्रकः, वेणुकः), अनुकम्पायाम् 5.3.76 (पुत्रकः), जातिनाम्नः कन् 5.3.81 (सिंहकः), अल्पे 5.3.85 (तैलकम्), ह्रस्वे 5.3.86 (वृक्षकः) आदि।
2. उदाहरण के लिए वर्णिका (मालती-माधव, पृ. 14), साहसिक एवं तालिका (पृ. 32 एवं 52), रामणीयकम् एवं आचार्यकम् (पृ. 46 एवं 1.27), गमकं तथा दारिका (1.8 तथा पृ. 65)
3. वही, क्रमशः पृ. 18, 1.9, 16, पृ. 29, 45, 52, 1.33, पृ. 63, 65 एवं 1.34, 36, पृ. 75 आदि।
4. उत्तर-रामचरित 1.27, 2.22 आदि।
5. वही, 1.2
6. सौधातकिः - हुं वसिष्ठः, मया पुनर्ज्ञातं कोऽपि व्याघ्र इव एषः, वही, पृ. 284

जीवत्सु तातपादेषु नूतने दारसंग्रहे

मातृभिश्चिन्त्यमानानां ते हि नो दिवसा गताः ।[1]

कहलाने वाले भवभूति को अभी यह अनुमान नहीं है कि हम अपनी रामकथा में तो मिथिला से राम का वन-निर्वासन करा देंगे। फिर चन्द्रकेतु सेलव द्वारा -

'यद् वा कौशलमिन्द्रसूनुदमने तत्राप्यभिज्ञो जनः'[2]

यह उपालम्भ दिलाते समय उन्हें पूर्वाभास नहीं है कि महावीरचरित में हम राम और बालि का प्रत्यक्ष युद्ध आयोजित करेंगे। ये तथ्य पूर्णतः प्रमाणित करते हैं कि पूर्वकवियों की प्रस्तुति करके रामकथा पर पहली तूलिका उत्तररामचरित के रूप में चली है।

शब्दपाक की दृष्टि से यह नाटक दूसरे स्थान पर आता है। कन प्रत्यय का मोह उत्तर रामचरित में अपेक्षाकृत कुछ ही कम हुआ है। प्रथम अंक में तीन बार कन् (अङ्गकैः अङ्गकानि, शकुन्तिका)[3] और तीन बार कप् प्रत्यय (असंहृतनान्दीकः, अपत्यकृतिका, सजामातृकस्य)[4] प्रयुक्त हुए हैं। आगे भी वृषलकं, अरण्यकानि, कलभको, पुत्रकं, हरिणकैः, एककः[5] आदि इनके विंशाधिक प्रयोग मिलते हैं।

---

1. वही, मालती-माधव, 1.19
2. वही, मालती-माधव, 5.35
3. वही, मालती-माधव, 1.20, 24, 45
4. वही, मालती-माधव, पृ. 19, 1.4, पृ. 32
5. वही 2, 13, 2.19 के अनन्तर (चौखम्बा संस्करण), पृ. 196, 214, 220, 3.21 तथा 5.5 आदि।

3. महावीरचरित नाटक में कवि पूर्ण रामभक्त बन चुका है - भक्तस्य तत्र समरंसत मेऽपि वाचः ।[1] वह विपुलार्थ शब्दों के साधिकार प्रयोग करता है। वाणी 'वश्या' बन चुकी है ।[2] मालतीमाधव के प्रयोग-काल में वह 'भरतेषु वर्तमानः[3]' एक नट के स्तर पर था, अब रंगकर्मियों के मित्र कविमित्रधेयमस्माकम्[4] के रूप में उदात्त पहचान बन गई है। फलतः पैतृक श्रोत्रियकुल से पुनः सद्भाव विकसित होने के कारण वह उनका परिचय देता है और अपने को श्रोत्रिय-पुत्र कहता है। महावीरचरित का कथानक, पदशय्या और संवेदनात्मक अभिव्यञ्जनाएँ सचमुच अपूर्व बन पड़ी हैं- अपूर्वत्वात् प्रबन्धस्य ।[5] राम के वन-निर्वासन में अभी तक दशरथ और कैकेयी की जो चारित्रिक हत्या हुई थी, एक प्रस्थान कवि के रूप में उसका परिष्कार करके महाकवि भवभूति ने त्रैलोक्य के हृदय में चुभा हुआ विषाद का काँटा निकाल दिया -

तेनेदमुद्धृतजगत्त्रयमन्युमूलमस्तोकवीरगुरुसाहसमद्भुतञ्च
वीराद्भुतप्रियतया रघुनन्दनस्य धर्मद्रुहो दमयितुश्चरितं निबद्धम् ।[6]

इस नाटक के कन् प्रत्यय के प्रयोग बहुत कम हैं - प्रथम अंक में केवल दो बार (दोर्दण्डकः तथा चरणपुष्करकद्वयम्) ।[7]

महावीरचरित में एक विश्वामित्र-सन्दर्भी श्लोक से संकेत मिलता है कि इसके सुप्रसन्न और मनोरोग-चिकित्सक अवदान के कारण महाकवि भवभूति ने ऐसी उदात्तता पा ली थी, जिसमें विरले ब्रह्मर्षि 'आम्नाय-सम' गरिमा से आलोकित हो पाते हैं -

सर्वदोषानभिष्वङ्गादाम्नायसमतां गताः
युष्माकमभ्युपगमाः प्रमाणं पुण्यपापयोः ।[8]

इसी क्रम के अनुसार अग्रिम पृष्ठों में संक्षिप्त कथानक देते हुए, हिन्दी अनुवाद के साथ रचनाओं के प्रतिनिधि अंश निदर्शित किए जा रहे हैं।

---

1. महावीरचरित 1.7
2. वही, 1.2, 4
3. मालतीमाधव पृ. 12
4. महावीरचरित पृ. 6
5. वही, पृ. 7
6. वही, 1.6
7. वही, 1.53, 55
8. वही, 1.38

मालती-माधव

ग्वालियर अंचल के प्राचीनतम सांस्कृतिक चित्रों का एलबम है, महाकवि भवभूति द्वारा विरचित मालती-माधव प्रकरण। इसकी थियेटरी प्रस्तुतियों में नायक-नायिका के अनुराग के समक्ष अत्यन्त विकट राजकीय अवरोध परास्त हो जाता है। बौद्ध संन्यासिनी कामन्दकी की युक्तियों से मालती और माधव तथा मदयन्तिका और मकरन्द का स्नेहानुकूल परिणय-बन्धन सम्भव हो पाता है। इसमें दस अंक हैं। भारतीय नाट्य परम्परा के अनुसार कथानक सामान्य जन से संबंधित और कविकल्पित है। इसके नायक धीर-प्रशान्त स्वभाव के अमात्य-पुत्र माधव हैं और विभिन्न दृश्यों में प्रधानतया शृंगाररस का पल्लवन किया गया है।[1] कवि ने प्रस्तावना में ही अन्य कई रसों की निरन्तर अभिव्यञ्जना का उल्लेख किया है।[2] तदनुसार प्रकरण के तृतीय अंक में माधव के मित्र मकरन्द द्वारा सिंह से युद्ध करने में वीर रस, पञ्चम अंक के श्मशान तथा नरमांसविक्रय दृश्यों में बीभत्स एवं रौद्र रस, सप्तम अंक में वेश-परिवर्तन से मकरन्द के दुल्हन बनने में हास्य रस, नवम अंक के मालती-अपहरण संदर्भ में करुण और आकाश मार्ग से योगिनी सौदामिनी के प्रसंग में अद्‌भुत रस भी बड़ा चटख रंग लेकर सामने आए हैं।

पाश्चात्य समीक्षक क्लीन और विण्टरनित्स मालती-माधव की तुलना 'रोमियो एण्ड जूलियट' से करते हैं। मैकडानल के अनुसार भवभूति की कृतियों में सबसे अधिक प्रसिद्ध और सर्वाधिक लोकप्रिय मालती-माधव है। इसमें प्रणय के कोमल दृश्यों तथा दुर्गा के मन्दिर में साधिका द्वारा किए गए भयंकर कृत्यों का वैषम्य अत्यन्त प्रभावशाली है। इसके कथानक की सराहना करते हुए कुन्हनराज कहते हैं कि मन्त्री की दशा, भिक्षुणियों की उदारता, नायक और उसके मित्र का साहस, नायक और नायिका का नैराश्य, उनका उत्कट प्रेम, गंभीर करुणा, उत्तेजक परिस्थितियाँ, भयावह साहसिक कृत्य, राजसभा के षड्यन्त्र, प्रकृति के विराट् स्वरूप का चित्रण - ये सब इस प्रकरण

---

1. भवेत् प्रकरणे वृत्तं लौकिकं कविकल्पितम्
   शृङ्गारोऽङ्गी नायकस्तु विप्रोऽमात्योऽथवा वणिक्
   सापायधर्मकामार्थपरो धीरप्रशान्तकः। - साहित्यदर्पण 6.224-5
2. मालतीमाधव 1.4

को संस्कृत के सर्वोत्तम नाटकों की श्रेणी में ला देते हैं।[1]

प्रकरण की प्रस्तावना में भवभूति की काव्यशैली से संबद्ध विशेषता रेखांकित की गई है - शब्दों में प्रौढ़ि, उदारता तथा अर्थ का गौरव -

यत् प्रौढित्वमुदारता च वचसां यच्चार्थतो गौरवं
तच्चेदस्ति ततस्तदेव गमकं पाण्डित्यवैदग्ध्ययोः।[2]

इन विशेषताओं के सन्दर्भ में डॉ. कीथ आदि समीक्षक अनुमोदन करते हुए कहते हैं - स्वीकार करना पड़ेगा कि उनका दावा निराधार नहीं है।[3]

प्रस्तुत है प्रकरण के कतिपय महत्त्वपूर्ण अंशों का हिन्दी रूपान्तरण।

---

1. Klein. Geschichte des Dramas III. P. 185
   Winternitj – G.I.L. III P. 235, The History and Culture of the Indian People, Vol. III, P. 308.
   A.A. Macdonnel–A History of Sanskrit literature, P. 366-67.
   C. Kunhan Raja. Survey of Sanskrit literature, P. 186
2. मालती माधव 1.10
3. संस्कृत ड्रामा (हिन्दी अनुवाद), पृ. 202

मालती-माधव

[नान्दी संगीत]

तुम्हें सँभालें
साँपों से लिपटे
भूतपति के जटा-जूट
जिनमें कपालों से पझरे गंगाजल
नेत्र की ज्वाला से जगमग केश
टँकी हुई चन्द्रकला
लगे भली
अधखिली केवड़े की कली[1] ।। 1 ।।

और भी,

शिव के ताण्डव में
बज उठा नन्दी का पखावज
उसे मेघगर्जन जान
निकट उड़ने लगा स्कन्द-मयूर[2]

---

1. चूडापीडकपालसङ्कुलगलन्मदाकिनीवारयो
विद्युत्प्रायललाटलोचनशिखिज्वालाविमिश्रत्विषः
पान्तु त्वामकठोरकेतकशिखासन्दिग्धमुग्धेन्दवो
भूतेशस्य भुजङ्गवल्लिवलयस्त्रङ्नद्धजूटा जटाः। 1.1 मालती-माधव

2. सानन्दं नन्दिहस्ताहतमुरजरवाहूतकौमारबर्हि-
त्रासान्नासाग्ररन्ध्रं विशति फणिपतौ भोगसङ्कोचभाजि
गण्डोड्डीनालिमाला मुखरितककुभस्ताण्डवे शूलपाणे-
र्वैनायक्यश्चिरं वो वदनविधुतयः पान्तु चीत्कारवत्यः। 1.2 वही

घुस गया बड़ा नाग

फन सिकोड़कर

गणपति के सूँड़ में

कनपटी पर छिड़ी भौंरों की भनभनाहट

और चीखते गजानन की झूमाझटकी

दर्शकों की रक्षा करे ।।2 ।।

(नान्दी गायन के अनन्तर)

सूत्रधार : बस, बहुत हुआ। अब तो सूर्य देव ऊपर आ गए हैं। इनकी आराधना हो जाए। *(प्रणाम कर)*

करें हम सविता का गुणगान, हमें दो लक्ष्मी का वरदान

दोष जो भी हो कर दो शून्य, तुम्हीं हो पावन तेज-निधान[1] ।।3 ।।

(नेपथ्य की ओर देखकर) मित्र! नाट्यमंगल हो चुका। शिव-पूजा के उत्सव में दूर-दूर से आकर लोग एकत्र हो गए हैं। फिर अभिनेता गण कैसे अलसाए हैं? हमें विद्वत्-परिषद् से आदेश मिला है कि आज किसी अनूठे कथानक की प्रस्तुति से सबका मन बहलाना है, तो आओ, उनके निर्देशानुसार रूपक दिखलाएँ।

नट : *(प्रवेश कर)* भाई जी! विद्वान् आचार्यों ने अनूठी प्रस्तुति के लिए क्या विशेषताएँ बतलाई हैं?

सूत्रधार : तीव्र रसमय सघन अभिनय, स्नेह का संचार

कामयुत अद्भुत कथा, वक्रोक्ति का व्यवहार[2]। ।।4 ।।

---

1. कल्याणानां त्वमसि महसां भाजनं विश्वमूर्ते
   धुर्यां लक्ष्मीमथ मयि भृशं धेहि देव प्रसीद
   यद्यत् पापं प्रतिजहि जगन्नाथ नम्रस्य तन्मे
   भद्रं भद्रं वितर भगवन् भूयसे मङ्गलाय। 1.3 मालती-माधव
2. भूम्ना रसानां गहनाः प्रयोगाः सौहार्दहृद्यानि विचेष्टितानि
   औद्धत्यमायोजितकामसूत्रं चित्राः कथा वाचि विदग्धता च। 1.4 वही

नट : भाई जी! ये सब किस प्रकरण में संभव हैं?

सूत्रधार : *(सोचकर)* याद आया। ... कवि भवभूति मित्रता के कारण हमारे साथ ही हैं। उन्होंने इन्हीं गुणों से युक्त रचना हमें दी है।

उसमें एक विनम्र कथन है -

जो उठाते आज हम पर उँगलियाँ

वे कलाविद्, रहें हमसे क्या पड़ी है

यहाँ हम सा फिर कभी होगा कहीं

काल है सीमारहित धरती बड़ी है[1] ।। 6 ।।

तो सभी अभिनेताओं से कहो कि उसकी ढंग से प्रस्तुति होनी है। अपने अपने संगीत-प्रयोग और वेश-परिवर्तन में शीघ्रता करें। इस बीच कवि का एक निजी दृष्टिकोण बतला दूँ...

वेद उपनिषद् सांख्य योग्य का विविध ज्ञान जो प्राप्त किया
उससे क्या लेना-देना नाटक रचना है अलग क्रिया
यदि वाणी में प्रौढ़ि नयापन और अर्थ-गौरव झलके
तो ही जानो कला-निपुण नव प्रतिभा का जल उठा दिया[2]। ।। 8 ।।

नट : आपने तो सारे पात्रों को पढ़ाया है और बौद्ध संन्यासिनी कामन्दकी स्वयं ही बन रहे हैं। मुझे आपकी शिष्या अवलोकिता का अभिनय करना है।

सूत्रधार : उससे क्या?

नट : प्रकरण के नायक और मालती के प्रेमी माधव को कैसे वेश में उतारना है?

सूत्रधार : मकरन्द और कलहंस के मंच पर उतरते समय उसकी व्यवस्था बना दी गई है।

---

1. ये नाम केचिदिह नः प्रथयन्त्यवज्ञां जानन्ति ते किमपि तान् प्रति नैष यत्नः
उत्पत्स्यते मम तु कोऽपि समानधर्मा कालो ह्ययं निरवधिर्विपुला च पृथ्वी। 1.6 मालतीमाधव
2. यद् वेदाध्ययनं तथोपनिषदां सांख्यस्य योगस्य च
ज्ञानं तत्कथनेन किं न हि ततः कश्चिद् गुणो नाटके
यत् प्रौढित्वमुदारता च वचसां यच्चार्थतो गौरवं
तच्चेदस्ति ततस्तदेव गमकं पाण्डित्यवैदग्ध्ययोः। 1.8 वही

नट : तब तो प्रकरण की प्रस्तुति से दर्शकों का मनोरंजन प्रारम्भ कर दें।

सूत्रधार : ठीक है। ये लो, मैं कामन्दकी बन गया।

नट : और मैं अवलोकिता। *(दोनों निकल जाते हैं)*

[प्रस्तावना समाप्त]

कथा-सूत्र

पद्‌मावती के राजमन्त्री भूरिवसु और विदर्भ-नरेश के मंत्री देवरात वचपन के साथी और सहपाठी थे। उन दोनों ने विद्याध्ययन के समय ही प्रतिज्ञा की थी कि हम दोनों के घर एक को कन्या और दूसरे को पुत्र उत्पन्न होगा तो उनका परस्पर विवाह करेंगे। आगे चलकर भूरिवसु के यहाँ मालती कन्या और देवरात के यहाँ माधव पुत्र उत्पन्न हुए। उनका आपस में दिया गया वचन पद्‌मावती की बौद्ध संन्यासिन कामन्दकी और उनकी शिष्या सौदामिनी जानती थीं। माधव भी बड़े होकर न्यायशास्त्र पढ़ने यहीं आकर रहने लगे थे।

इधर पद्‌मावती राज्य के नर्म-सचिव नन्दन ने मालती से विवाह करने हेतु भूरिवसु पर दबाव डलवाया। उन्होंने दबे मन से स्वीकृति भी दे दी। इस स्थिति में कामन्दकी के युक्ति-कौशल से मालती और माधव निकट आकर एक-दूसरे से प्रेम करने लगे। इतना ही नहीं, माधव का मित्र मकरन्द और नन्दन की वहन तथा मालती की सहेली मदयन्तिका भी परस्पर आकर्षित हो गए। तीसरे अंक का संदर्भ है-

कामन्दकी : मालती बड़ी विनीत है, पर इन दिनों प्रयत्न कर मैंने उसे ऐसा बना दिया है कि वह सखियों की गुप्तचर्चा में रस लेने लगी[1] है।। 1 ।।

अब तो-

विरह में बुझी सी हमें पाकर खिल जाती है
खेलती-बतियाती बरवस हिल-मिल जाती है
मैं जब चल देती हूँ तो गले वह लग जाती

---

1. तथा विनयनम्राऽपि मया मालत्युपायतः
नीता कतिपयाहोभिः सखी विस्रम्भसेव्यताम् ।3.1 मालती-माधव

शीघ्र वापसी की शपथ नित्य ही दिलाती है[1] ।।2 ।।
मालती और माधव के मिलन में इससे भी उम्मीद होती है कि
शकुन्तला की प्रेम-कथा या ऐसे सन्दर्भों को सुनकर
वह मेरी गोदी में सिमटी रह जाती जाने क्या गुनकर[2] ।।3 ।।

(मालती और लवङ्गिका का प्रवेश)

मालती : *(स्वगत)* क्या पिताजी ने मुझे राजा की भेंट चढ़ा दी? पिताजी को राजा की खुशी बहुत हो गई, मालती कुछ नहीं। *(रोती हुई)* हाय, पिताजी! तुम भी मेरे हो और ऐसा कर रहे हो, मतलब भोग-तृष्णा ही जीत गई। *(आनन्द के साथ)* वे तो कितने उच्च कुल के हैं। प्रिय सखी ठीक कह रही थी कि समुद्र को छोड़कर पारिजात और कहाँ से निकलेगा। वे फिर से देखने को मिलेंगे क्या?

लवङ्गिका : सखी, ये लो! मीठे मकरन्द से भींगी मंजरियाँ कूद-कूदकर कुतरते और तीव्र कोलाहल करते कोयलों से खीझकर चंचल भौंरे आम की फुनगियों से उड़ चले हैं। वे चम्पे की कलियाँ उघार रहे हैं। उनकी भीनी-भीनी महक लिए बगीचे की बयार तुम्हें मुख पर चंदन- लेप सी लग रही होगी, क्योंकि विस्तृत कटि-प्रदेश से बोझिल जाँघों के बल फिसलती चाल से तुम थक गई हो और पसीने की बूँदों से तुम्हारा चेहरा चन्दा-सा दमकने लगा है।

(घूमकर प्रवेश करती हैं, फिर माधव का प्रवेश)

माधव : मालती की सुन्दरता सुधियों में भी निखरती है -
मसली गई चम्पा से अलसाए गौर अंग
उसके हैं, मैंने एक झलक मात्र पाई है
आँखें तो कृतार्थ हुईं पर दहकी काम अग्नि
तब से साँस-साँस में खुमारी सी छाई है[3] ।।6 ।।

---

1. व्रजति विरहै वैचित्त्यं नः प्रसीदति सन्निधौ, रहसि रमते प्रीत्या वाचं ददात्यनुवर्तते
गमनसमये कण्ठे लग्ना निरुध्य निरुध्य मां, सपदि शपथैः प्रत्यावृत्तिं प्रणम्य च याचते। 3.2
मालती-माधव
2. शाकुन्तलादीनितिहासवादान् प्रस्तावितानन्यपरैर्वचोभिः
श्रुत्वा मदुत्सङ्गनिवेशिताङ्गी चिराय चिन्तास्तिमितत्वमेति। 3.3 वही
3. ज्वलयति मनोभवाग्निं मदयति हृदयं कृतार्थयति चक्षुः
परिमृदितचम्पकावलि- विलासलुलितालसैरङ्गैः। 3.6 मालती-माधव

कथा-सूत्र

ये प्रणयांकुर उद्भिन्न हो रहे थे तभी पिंजड़े से छूटा हुआ एक सिंह उपद्रव मचाता हुआ मदयन्तिका की ओर झपटा। मकरन्द ने अपने प्राणों की परवाह न करके बड़ी वीरता से सिंह को मारकर उसे बचाया। इस घटना से उन दोनों का अनुराग और पक्का हो गया। इसी बीच कापालिक अघोरघण्ट और उसकी शिष्या कपाल-कुण्डला अपनी अभीष्ट सिद्धि के लिए मालती का अपहरण कर उन्हें करालादेवी के समक्ष बलिदान देना चाहते हैं। यह संयोग ही था कि उसी समय मालती की प्राप्ति में निराश होकर श्मशान में नरमांस बेचने को तत्पर माधव वहाँ पहुँच गए। उन्होंने अघोरघण्ट को मारकर अपनी प्रणयिनी को बचा लिया। कपाल-कुण्डला ने गुरुवध का बदला लेने की प्रतिज्ञा कर ली।

मालती के साथ नन्दन के विवाह का दिन नियत हो गया था किन्तु उसके एक दिन पूर्व वह पूजा करने के लिए देवी-मन्दिर गई। वहीं से पलायन कर वह माधव के साथ एक उद्यान में गई और कामन्दकी के निर्देशानुसार दोनों का गान्धर्व विवाह संपन्न हो गया। सप्तम अंक के सन्दर्भों में मकरन्द ने मालती का वेश धारण किया और उनके साथ विवाह-मण्डप में नन्दन का विवाह हुआ। उस पुरुष बहू ने सुहागरात में कामातुर अधेड़ पति का अनादर किया। अपने भाई के तिरस्कार से क्षुभित होकर मदयन्तिका भौजाई की भर्त्सना करने चली तो अपने प्रणयी को पहचान कर उनके साथ पूर्वोक्त देवी मंदिर के उद्यान में भाग गई। पहरा देते राजपुरुषों के रोकने पर मकरन्द उनसे लड़ने लगा। अपने मित्र को बचाने के लिए माधव भी आकर उसमें सम्मिलित हो गए। महल की छत से इन दोनों वीरों का अनुपम पराक्रम देखकर अतिशय प्रसन्न हुए पद्मावती-नरेश ने उनके प्रणय-विवाहों को अपनी स्वीकृति दे दी, पर इसी बीच उद्यान से मालती कहीं लापता हो गई।

वस्तुतः कपालकुण्डला मालती का अपहरण कर श्री पर्वत पर ले गई थी। कामन्दकी की प्रथम शिष्या योगिनी सौदामिनी उसे बचाकर नवम अंक में आकाशमार्ग से पद्मावती आती है। वह अपने पूर्व-परिचित स्थानों को ऊपर से कौतूहलपूर्वक देखकर कहती है -

सौदामिनी :

सघन महल
मंदिर और नगर-द्वार
सभी के ऊँचे कँगूरों ने
निरन्तर रगड़ से
चीरकर गिराया जो नीलाकाश,
उसे सँजोए रहती पद्मावती
विशाल एवं निर्मल
सिन्धु और पारा
नदियों के गतिमय विस्तार में[1] । ।।1 ।।

और भी -

नदी यह 'लून'
इठलाती लहरों से
मन को चुरा लेती
बारिश जब आई
इसके तट जंगल
हरे-भरे पौधों से पट जाते
उन्हें चरने टूट पड़तीं
गाभिन गाएँ

---

1. पद्मावती विमलवारिविशालसिन्धु- पारासरित्परिकरच्छलतो बिभर्ति
उतुङ्गसौधसुरमन्दिरगोपुराट्ट- संघट्टपाटितविमुक्तमिवान्तरिक्षम् । 9.1 मालती-माधव

चैन की वंशी बजाते

गाँव के लोग[1]। ।।2 ।।

... ये हैं स्वयंभू शंकर भगवान्। मधुमती (महुअर) और सिन्धु सरिताओं का संगम पवित्र करने वाले इन भगवान् को दूर-दूर तक लोग सुवर्ण-विन्दु के नाम से पूजते हैं (प्रणाम करती है)।

कथा-सूत्र

इधर माधव विरह के उन्माद में अस्वस्थ होते जा रहे थे। उनकी दुर्दशा और मृत्यु की संभावना से घबराकर मकरन्द भी पाटलावती नदी में कूदकर आत्महत्या का प्रयत्न करने लगे। वे सिसकते हुए कह रहे थे -

प्रिय मित्र और मैं

कहीं संग ही जन्मेंगे

ये अगुआ होंगे

हम भी संगी बन लेंगे[2]।।4 ।।

इतने में सौदामिनी ने पहुँचकर मकरन्द को बचाया और मालती के सुरक्षित होने की सूचना माधव को दी। मालती और माधव तथा मदयन्तिका और मकरन्द के शुभ मिलन से यह दस अंकों का प्रकरण संपन्न होता है।

---

1. सैषा विभाति लवणा वलितोर्मिपङ्क्ति-
रभ्रागमे जनपदप्रमदाय यस्याः
गोगर्भिणीप्रियनवोलपमालभारि-
सेव्योपकण्ठविपिनावलयो विभान्ति। 9.2 मालती-माधव
2. प्रियस्य सुहृदो यत्र मम तत्रैव संभवः
भूयादमुष्य भूयोऽपि भूयासमनुसंचरः। 9.41 वही

उत्तररामचरित

महाकवि भवभूति के विश्व-कुतूहली कीर्ति-मन्दिर का स्वर्णिम शिखर कलश है उत्तर-रामचरित नाटक। इसमें जीव-जगत् की संवेदना को करुण नाम देकर उसे ही सर्वश्रेष्ठ रस तत्त्व निरूपित किया गया है[1]। नाटक के सात अंकों में रामायण के उत्तर काण्ड की कथा कुछ बदलकर अभिनेय तथा आदर्शोन्मुख बना दी गई है। इसके मुख्य अन्तर हैं - प्रथम अंक की चित्रवीथी में रामकथा का सिंहावलोकन, दुबारा दण्डकारण्य आने पर राम से वनदेवी वासन्ती का मिलन, छाया- सीता द्वारा राम की मूर्च्छा दूर किया जाना, अरुन्धती और कौशल्या आदि के साथ वसिष्ठ का वाल्मीकि आश्रम में निवास, लक्ष्मणपुत्र चन्द्रकेतु से लव का युद्ध और अन्त में सीता-राम का मिलन। इस परिवर्तित कथा-विन्यास में भवभूति ने पद्मपुराण के पातालखण्ड में वर्णित रामकथा को भी बहुत कुछ आधार बनाया है।

नाटक के समस्त शास्त्रीय मानदण्डों पर उत्तर-रामचरित खरा उतरता है।[2] इसकी कथावस्तु प्रख्यात है। राम धीरोदात्त नायक हैं। इसमें करुण-विप्रलम्भ रस की प्रधानता है। वीर, अद्भुत आदि अन्य रस उसके सहयोगी रूप में समुचित स्थलों पर अभिव्यक्त होते हैं। नायक के रूप में राम का जैसा प्रजापालक एवं त्याग-परायण उदात्त व्यक्तित्व उत्तर रामचरित में उभरता है, वैसा अन्यत्र कहीं देखने में नहीं आता। उनके सन्दर्भ में वनदेवी वासन्ती की उक्ति (उ. चरित 2.7) है -

कठिनाई में वज्र और कोमलता में नव सुमन
कौन जान सकता है पावन युगपुरुषों का मन।

प्रसिद्ध समीक्षक एम. कृष्णमाचार्य के अनुसार उत्तररामचरित संस्कृत साहित्य की सर्वोत्कृष्ट कृतियों में से एक है। प्राचीन परम्परा के अनुसार भवभूति गुण तथा यश

---

1. उ. चरित 3.47
2. नाटकं ख्यातवृत्तं स्यात् पञ्चसन्धिसमन्वितम्...
   प्रख्यातवंशो राजर्षिर्धीरोदात्तः प्रतापवान्
   दिव्योऽथ दिव्यादिव्यो वा गुणवान्नायको मतः।
   एक एव भवेदङ्गी शृङ्गारो वीर एव वा
   अङ्गमन्ये रसाः सर्वे कार्यो निर्वहणेऽद्भुतः। इत्यादि
   - *साहित्य दर्पण* 6.7-20

में कालिदास के योग्य प्रतिनिधि हैं। करुण तथा वीर रस के वर्णन में तो उन्होंने कालिदास का भी अतिक्रमण कर दिया है।[1] डॉ. रामजी उपाध्याय एवं डॉ. रामगोपाल मिश्र की मान्यता है कि उत्तररामचरित की रचना में भवभूति ने बहुक्षेत्रीय काव्य-कला का प्रदर्शन किया है। कथावस्तु का पल्लवन, पात्र-चयन , चरित्र-चित्रण, वर्णन, रस-निष्पादन आदि में से प्रत्येक अपने-आपमें और साथ ही अन्य काव्यात्मक तत्त्वों के अनुषंग में कला-वैचित्र्य के उदाहरण प्रस्तुत करते हैं।[2] कुन्हन राजा के शब्दों में उत्तर-रामचरित के कथानक की एक और विशेषता यह है कि भवभूति ने यहाँ छोटे बालकों को भी रंगमंच पर उतार दिया है। वे बड़े योद्धाओं के समान अपनी भूमिका संपादित करते हैं और कथा-संविधान की दृष्टि से उनका कार्य बहुत महत्त्वपूर्ण है।[3]

महाकवि की कालजयी संवेदना पर महादेवी वर्मा की उक्ति है : अतिपरिचय से धूमिल लगने वाली राम-सीता की कथा भवभूति की करुणा का स्पर्श पाकर नूतन परिचय की दीप्ति से उद्भासित हो उठती है। राम और सीता के व्यक्तित्व मानों करुणा की वीणा के दो तुम्बे हैं, जो जीवन के सम-विषम तारों को जोड़ने के लिए ही एक-दूसरे से दूर हैं और इन तारों पर स्नेह की रागिनी अनन्त आरोहों-अवरोहों में मँडराती रहती है।[4]

उसी अमर नाट्य-वीणा की कतिपय झंकृतियाँ हिन्दी अनुवाद की स्वरलिपि में प्रस्तुत की जा रही हैं।

---

1. एम्. कृष्णमाचार्य - द क्लासिकल पीरियड आव् संस्कृत लिटरेचर, पृ. 89
2. संस्कृत के महाकवि और काव्य, पृ. 298
3. सर्वे आव् संस्कृत लिटरेचर, पृ. 188-89
4. सप्तपर्णा, अपनी बात, पृ. 61

उत्तररामचरित

[नान्दी संगीत]

नान्दी गायक :

नाटक है रस की अँवराई नीलकण्ठ शिव का उपवन
इसमें कविता उपजाती है नई सुरभि नव आकर्षण
उत्तररामचरित के नान्दी स्वर में वाणी का वन्दन
कविता की पहली क्यारी के हर माली का अभिनन्दन[1] ।। 1 ।।

सूत्रधार : बस, बस, बहुत हुआ। हमें तो नटराज के मेले में आज यह मुनादी करनी है कि हर कोई जान ले - काश्यप गोत्र में उत्पन्न श्रीकण्ठ जी व्याकरण, कर्मकाण्ड और न्याय में बड़े पारंगत विद्वान् हैं। ये वही हैं- जतुकर्णी के वेटे, पर आजकल लोग इन्हें भवभूति कहने लगे हैं -

सरस्वती उनके वश में हैं, पीछे पीछे चलती हैं
उनकी वाणी से मनचाही ध्वनियाँ कई निकलती हैं
सुनें ध्यान से सहृदय, बहता रस-निर्झर का सोता है
उत्तररामचरित का मधुर उपायन प्रस्तुत होता है[2] ।।2 ।।

(नाद-बिन्दु, नदी की कलकल ध्वनि)

ऐं, यह रहा सरयू के किनारे बसी अयोध्या नगरी का दिव्य परिवेश और मैं भी वहीं के राज-दरबार का एक स्तुति-गायक।

(इधर-उधर देखने का ध्वनि संकेत) ऊँ ऊँ... अरे, सुनो भाई! उधर रावण का विनाश हुआ और इधर महाराज राम का राज्याभिषेक...। ऐसे में दिन-रात नगाड़ा

---

1. इदं कविभ्यः पूर्वेभ्यो नमोवाकं प्रशास्महे
विन्देम देवतां वाचममृतामात्मनः कलाम्। उ.च. 1.1
2. यं ब्रह्माणमियं देवी वाग् वश्येवानुवर्त्तते
उत्तरं रामचरितं तत्प्रणीतं प्रयोक्ष्यते। उ.च. 1.2

बजना चाहिए और तुम लोग चुपचाप चबूतरों पर पड़े ऊँघ रहे हो। वाह, ऐसी भी क्या कामचोरी!

नट : भैया, महाराज ने कल भरे मन से सबको विदाई दी, और चले गए - लङ्कायुद्ध के अभिन्न मित्र, बड़े बड़े महात्माओं जैसे वानर तथा विभीषण आदि राक्षस। वे भी सब गए - दूर-दूर से बधाई देने के लिए आए ब्रह्मर्षि एवं राजर्षिगण। पिछले दिनों उन्हीं के मनोरञ्जन में धूम-धड़ाका चल रहा था।

सूत्रधार : अरे, तो यह कारण है!

नट : और भी है। गुरु वशिष्ठ को अपना नायक बनाकर राम की माताएँ जमाई के यज्ञ में गई हैं। उनके साथ गुरुपत्नी अरुन्धती भी हैं।

सूत्रधार : भाई! मैं बाहर से आया हूँ, इसलिए पूछ रहा हूँ। जमाई होता है दामाद, पर इनका दामाद कौन है?

नट : हाँ-हाँ, आप न जानते होंगे। राजा दशरथ के रनिवास में एक बेटी हुई थी - शान्ता, जिसे रोमपाद ने बाद में गोद ले लिया। शान्ता का विवाह विभाण्डक ऋषि के पुत्र ऋष्यशृङ्ग के साथ हुआ है और उन्हीं ने बारह वर्ष चलनेवाला एक विशाल यज्ञ प्रारम्भ किया है। उनके आमंत्रण पर महल के सभी बड़े लोग पूर्ण गर्भवाली सीता को यहीं छोड़ कर चले गए हैं।

सूत्रधार : तो हमें क्या! आओ, राजा के दरवाजे चलें - अपनी टहल बजाएँ।

नट : फिर आप कोई ललित, शुद्ध और नई कविता बना लें।

सूत्रधार : देख भाई, जैसा मुझसे बनेगा, सुना दूँगा, मेरी एक मान्यता है :

सहज राग में गाएँ चाहे जैसा रहे समीक्षा-क्रम
कविता और कामिनी के मूल्यांकनकर्ता हुए अधम[1] ।।5 ।।

नट : भाई जी, आप तो परम अधम कहो -

---

1. सर्वथा व्यवहर्त्तव्यं कुतो ह्यवचनीयता
यथा स्त्रीणां तथा वाचां साधुत्वे दुर्जनो जनः। उ.च. 1.5

देवी सीता के बारे में उँगली लोग उठाते हैं
राक्षस की संगत बतलाते अग्निशुद्धि झुठलाते हैं[1] ।।6 ।।

सूत्रधार : अगर यह चर्चा महाराज के कान में पड़ी, तब तो अनर्थ हो जाएगा।

नट : चलिए, सभी ऋषि और देवता कल्याण करेंगे। *(दरवाजा खोलने की ध्वनि)* क्यों बन्धु, महाराज कहाँ हैं? *(थोड़ी देर अस्पष्ट ध्वनियाँ)* ये लोग तो कह रहे हैं -

स्नेह और सम्मान सहित दो शब्द वधाई के कहने
आए थे निमिराज जनक वे वापस गए नगर अपने
सीता को बाबुल- बिछोह बरबस देता संताप नए
उनका मन बहलाने को श्री रामचन्द्र रनिवास गए[2]। ।।7 ।।

[प्रस्तावना समाप्तिसूचक संगीत धीमा होता हुआ रनिवास के परिवेश की पृष्ठभूमि बनता है।]

सीता : जानती हूँ आर्यपुत्र! सब पता है, पर अपनों से बिछड़ने में कष्ट तो होता है।

राम : हाँ, सचमुच, सम्बन्धों के बन्धन मन कुरेद डालते हैं। इनसे ही बचते-बचाते मनस्वी लोग जंगल में जाकर रहने लगते हैं।

कञ्चुकी : *(दरवाजा खुलने की ध्वनि)* रामभद्र! ऊँ हुँ... महाराज!

राम : दद्दा! आप तो पिताजी के समय से कर्मचारी हैं। कह लें, जैसा अभ्यास हो। रामभद्र ही कहें।

कञ्चुकी : श्रीमन्! ऋष्यशृङ्ग के आश्रम से अष्टावक्र जी आए हैं।

सीता : आर्य! फिर देर न करें।

राम : उन्हें शीघ्र लिवा आएँ।

(दरवाजे से निकलने, बन्द होने और पुनः खुलने का ध्वनि संकेत)

अष्टावक्र : युगल जोड़ी बनी रहे।

---

1. देव्या अपि हि वैदेह्याः सापावादो यतो जनः
रक्षोगृहस्थितिर्मूलमग्निशुद्धौ त्वनिश्चयः। । उ.च. 1.2
2. स्नेहात् सभाजयितुमेत्य दिनान्यमूनि, नीत्वोत्सवेन जनकोऽद्यगतो विदेहान्
देव्यास्ततो विमनसः परिसान्त्वनाय, धर्मासनाद् विशति वासगृहं नरेन्द्रः। वही 1.7

राम : भगवन्! प्रणाम करता हूँ... पधारिए।

सीता : महात्मन्, नमस्ते। जमाई जी के साथ माताएँ और शान्ता जी कुशल से होंगी?

राम : निर्विघ्न तो हुआ... यज्ञ का आरम्भ? जीजा ऋष्यशृङ्ग और दीदी शान्ता ने सोमरस का आचमन सुखपूर्वक कर लिया?

सीता : वे सब हमें याद कर रहे होंगे?

अष्टावक्र : *(कठिनतापूर्वक बैठने का ध्वनि संकेत)* और क्या, देवी! कुल-गुरु वशिष्ठ जी ने आपके लिए कहा है -

पूज्य माता स्वयं पृथ्वी भगवती
जनक हैं ब्रह्मा-सदृश बाबुल तुम्हारे
धन्य हैं त्रैलोक्य-दीपक सूर्य
और बेटी! हम सरीखे गुरु तुम्हारे[1] ।। 9 ।।

... और क्या आशीष दें, बस इतना ही कि वीर सन्तान उत्पन्न करना।

राम : हम पर कृपावृष्टि कर दी -

कथन आज के सन्तों का अपना कुछ अर्थ खोजता है।
ऋषि-वाणी के पीछे पीछे अर्थसमूह डोलता है[2] ।। 10 ।।

अष्टावक्र : गुरुपत्नी अरुन्धती, राजमाताएँ एवं शान्ता यह भी कह रही थीं कि गर्भावस्था में ये जो भी इच्छा करें, उसे अवश्य- तत्काल पूर्ण किया जाए।

राम : करते तो हैं, यदि ये कहें।

अष्टावक्र : देवी सीता! आपकी नन्द के पतिदेव ने सन्देश दिया है - 'हे वत्से! तुम्हें पूरे पेट से जानकर नहीं बुलाया है। वत्स रामभद्र को भी तुम्हारा मन वहलाने के लिए वहीं छोड़ दिया है। जव तुम्हारी गोदी में बेटा खेलने लगेगा, तव आकर देखेंगे।'

---

1. विश्वम्भरा भगवती भवतीमसूत, राजा प्रजापतिसमो जनकः पिता ते
तेषां वधूस्त्वमसि नन्दिनि पार्थिवानां, येषां कुलेषु सविता च गुरुर्वयञ्च। उ.च. 1.9
2. लौकिकानां हि साधूनामर्थं वागनुवर्तते, ऋषीणां पुनराद्यानां वाचमर्थोऽनुधावति। वही 1.10

राम : *(झेंप और उमंग से)* अच्छा! और भगवान् वशिष्ठ ने भी कुछ कहा है?

अष्टावक्र : सुनिए न, उनका आदेश है -

जामाता के यज्ञ में मैं उलझा दिन-रात
तुम लघु बालक हो अभी नया राज्य है तात!
प्रजा रहे प्रमुदित, करो ऐसी ही नृप-नीति
रघुकुल की फहरे ध्वजा और तुम्हारी कीर्ति[1] ।। 11 ।।

राम : जैसी उनकी आज्ञा -

स्नेह, करुणा या वैभव-स्वर्ग
जानकी का भी सुख-संसर्ग
सभी जनता के हित के लिए
करूँगा मैं पल में उत्सर्ग[2] ।। 12 ।।

सीता : तभी तो आप रघुकुल में सर्वश्रेष्ठ हैं।

राम : *(स्वर संकेत देकर)* कौन है इधर? अष्टावक्र जी के विश्राम की व्यवस्था करें।

अष्टावक्र : *(जाते हुए चौंककर)* अरे! कुमार लक्ष्मण आ गए!

लक्ष्मण : *(चलकर पहुँचने का ध्वनिसंकेत)* आपकी विजय हो भैया! हमने जिस तरह बताया था, अर्जुन चित्रकार ने उसी तरह आपका जीवनचरित इस चित्रवीथी में सजाया है। आप चलकर देख लें।

राम : अच्छा है अनुज! अनमनी सीता को बहलाने का उपाय। तो, कहाँ तक चित्र वनाए हैं?

लक्ष्मण : अग्निपरीक्षा में भाभी के शुद्धि-प्रसंग तक।

राम : उँ हुँ, चुप रहो!

---

1. जामातृयज्ञेन वयं निरुद्धास्त्वं बाल एवासि नवञ्च राज्यम्
युक्तः प्रजानामनुरञ्जने स्यास्तस्माद् यशो यत् परमं धनं वः। उ.च. 1.1।
2. स्नेहं दयाञ्च सौख्यञ्च यदि वा जानकीमपि, आराधनाय लोकस्य मुञ्चतो नास्ति मे व्यथा। वही 1.12

जन्म से जो यज्ञ-पावन, उसे क्या पावन करेगा
तीर्थजल और अग्नि को, क्या शुद्ध दूजा जन करेगा[1]? ।। 13 ।।

देवताओं की यज्ञवेदी से उत्पन्न देवी सीता! तुम वुरा न मानना। लोग... कुछ-कुछ कहते रहेंगे -

जी बहलाना था, ऐसा क्यों बोले- जिससे जी दहले
सुमन चढ़ाने थे मस्तक पर उन्हें चरण से क्यों मसले[2] ।। 14 ।।

सीता : जाने दीजिए आर्यपुत्र! ... चलिए, चित्रवीथी में आपका जीवन-चरित देखें।

(लोगों के उठने का ध्वनि-संकेत)

---

1. उत्पत्तिपरिपूतायाः किमस्याः पावनान्तरैः
तीर्थोदकञ्च वह्निश्च नान्यतः शुद्धिमर्हतः। उ.च. 1.13
2. क्लिष्टो जनः किल जनैरनुञ्जनीयस्तन्नो यदुक्तमशिवं नहि तत् क्षमं ते
नैसर्गिकी सुरभिणः कुसुमस्य सिद्धा मूर्धिन्स्थितिर्न चरणैरवताडनानि। वही 1.14

कथा-सूत्र

चित्र-वीथी में राम की प्रारम्भिक लीलाओं के दृश्य सामने आते हैं। दण्डकारण्य और पम्पा सरोवर के मनभावन दृश्य देखती हुई सीता एक बार फिर वनाञ्चल में जाने की इच्छा व्यक्त करती हैं। गर्भवती नारी की इच्छा तत्काल पूरी की जानी चाहिए, अतः लक्ष्मण को यह जिम्मेदारी देकर राम सीता के साथ विश्राम करने लगते हैं। सीता जैसे ही सो जाती हैं, वहीं दुर्मुख नामक एक गुप्तचर अनुमति लेकर पहुँचता है।

(धीमे पदचाप के संकेत)

दुर्मुख : *(स्वगत कथन)* हाय... इसी समय महाराज से कैसे कह दूँ... देवी के बारे में उठती हुई यह लोकनिन्दा, जो सोची भी नहीं जा सकती। करूँ क्या, मुझ अभागे का सरकारी काम यही है।

सीता : *(सपने में बोलती हुई)* आर्यपुत्र! कहाँ चले गए?

राम : यह वही घबराहट है, जो चित्र-वीथी देखते समय विरह का आतंक लेकर आई थी और अब देवी का सपना बन गई है... *(स्नेहपूर्वक छूने और सम्हालने का ध्वनिसंकेत)*

पड़े कभी भी सुख या संकट साझे का मन बना रहे
मिले हृदय को चैन वृद्धजीवन भी रसमय बना रहे
परिणय से अन्तिम साँसों तक जो पल-छिन अनुराग भरा
वह दाम्पत्य तभी सार्थक जब दोनों का सँग बना रहे[1] ।।40।।

(दरवाजा खुलने की ध्वनि)

दुर्मुख : जय महाराज!

राम : बतलाओ, क्या चर्चा सुनी?

दुर्मुख : नगर और गाँव के लोग श्रीमान् की प्रशंसा कर रहे हैं कि राम जी के राज्यकाल में महाराज दशरथ का स्मरण ही नहीं आता।

---

1. अद्वैतं सुखदुःखयोरनुगतं सर्वास्ववस्थासु यद्
विश्रामो हृदयस्य यत्र जरसा यस्मिन्नहार्यो रसः
कालेनावरणात्ययात्परिणते यत् स्नेहसारे स्थितं
भद्रं तस्य सुमानुषस्य कथमप्येकं हि तत् प्रार्थ्यते। उ.च. 1.39

राम : यह तो तुम्हारा प्रस्तावना-वाक्य है। मेरा कोई दोष सुना हो तो बतलाओ, जिससे उसका सुधार कर लूँ।

दुर्मुख : *(सिसकने की आवाज़)* सुनें महाराज! *(कान में फुसफुसाने के संकेत)*

राम : अ..ह...ह... तुमने बतलाया कि वज्रपात *(आधी वेहोशी में)* किया है।

दुर्मुख : देव! आप सम्हलें।

राम : *(सम्हलकर)* पर घर में रहने का अपयश दिव्य उपायों से जो टाला

आज श्वान के विष से मानों पड़ा उसी से फिर से पाला[1] ।।40 ।।

तो, भाग्यहीनता में...आज... क्या करूँ? *(सोचकर)* या फिर इतना क्या है!

अच्छा यदि वनना है तो रखना होगा जनता का मन

पूज्य पिता ने जन-हित में ही छोड़े पुत्र और जीवन[2] ।।41 ।।

यही तो भगवान् वशिष्ठ का भी निर्देश मिला है। सच है -

सूर्यवंश के सम्राटों ने जो ऊँचे प्रतिमान किए

मेरे कारण वे कलुपित हों तो मानो हम व्यर्थ जिए[3] ।।42 ।।

हा देवी! देवताओं की यज्ञभूमि से उत्पन्न होकर तुमने धरती को पवित्र किया। यह कैसी विडम्बना है!

तुम से जग पवित्र कहलाता वह कहता अपवित्र तुम्हें

तुम त्रिभुवन सनाथ करती हो वह कर रहा अनाथ तुम्हें[4] ।।43 ।।

दुर्मुख! इधर आओ। लक्ष्मण से कह दो, यह नया शासक राम आज्ञा दे रहा है... *(कान में फुसफुसाने की ध्वनि)*।

दुर्मुख : हाय! देवी की अग्नि-परीक्षा हुई है, उनके गर्भ में पवित्र संतान है। एक दुष्ट व्यक्ति की वात सुनकर महाराज ने ऐसा निश्चय कर डाला!

---

1. हा हा धिक् परगृहवासदूषणं यद् वैदेह्याः प्रशमितमद्भुतैरुपायैः
एतत्तत् पुनरपि दैवदुर्विपाकादालर्कं विपमिव सर्वतः प्रसृप्तम्। उ.च. 1.40
2. वही 1.41
3. यत् सावित्रैर्दीपितं भूमिपालै- र्लोकश्रेष्ठैः साधु चित्रं चरित्रम्
मत्सम्बन्धात् कश्मला किंवदन्ती स्याच्चेदस्मिन् हन्त धिङ् मामधन्यम्। वही 1.42
4. त्वया जगन्ति पुण्यानि त्वय्यपुण्या जनोक्तयः
नाथवन्तस्त्वया लोकास्त्वमनाथा विपत्स्यसे। वही 1.43

राम : चुप रहो। प्रजा के किसी व्यक्ति को दुष्ट कह रहे हो?

यह प्रवाद नहीं, निरा संयोग है, प्रजा तो हमसे प्रणय मन से करे

अग्निशोधन दूर लंका में हुआ यहाँ उसका कौन अनुमोदन करे[1] ।।44 ।।

तुम तो जाओ।

दुर्मुख : हाय देवी! *(दरवाजा खुलने, पदचाप तथा दरवाजा बन्द होने के ध्वनिसंकेत)*

राम : कितना कष्ट है! मैं निर्दय होकर इतना घृणित कार्य कर सकता हूँ?

बचपन से अपनी रानी को पाला-पोसा

मैत्रीवश हम एक हुए कुछ रहा न दो सा

आज कपट से उसे मृत्यु को सौंप रहा हूँ

गृह-पक्षी को भी न दे सका वधिक भरोसा[2] ।।45 ।।

तो मैं छूने योग्य नहीं रहा। अपराधी हूँ। देवी का शरीर अपने स्पर्श से क्यों दूषित कर रहा हूँ! *(सीता का सिर उठाकर हाथ खिसकाने की ध्वनि)*

सरल सुन्दरी सीते अब छोड़ो मेरा तन

मैं जहरीला बिरवा तुमने माना चन्दन[3] ।।46 ।।

(टहलते हुए)

अरे, यह क्या? लगता है, अपना विश्व उलट गया है। अब राम किसके लिए जिए? यह संसार सूनसान... उजड़ा जंगल लग रहा है। संसार को संसार ही क्यों कहूँ, यह तो असार हो गया। शरीर सूखी लकड़ी बनता जा रहा है। मैं किसका सहारा लूँ?

---

1. इक्ष्वाकुवंशोऽभिमतः प्रजानां जातं च दैवाद् वचनीयवीजम्
   यच्चाद्भुतं कर्म विशुद्धिकाले प्रत्येतु कस्तद् यदि दूरवृत्तम्। उ.च. 1.44
2. शैशवात् प्रभृति पोषितां प्रियां सौहृदादपृथगाश्रयामिमाम्
   छद्मना परिददामि मृत्यवे सौनिके गृहशकुन्तिकामिव। वही 1.45
3. अपूर्वकर्मचण्डालमयि मुग्धे विमुञ्च माम्
   श्रिताऽसि चन्दनभ्रान्त्या दुर्विपाकं विपद्रुमम्। वही 1.46

करूँ तो क्या करूँ? किधर जाऊँ?

या फिर -

दु:ख झेलने के लिए तुम्हीं बने हो राम!

चुभती साँसें डोलतीं बन्धन में अविराम[1] ।।47 ।।

ओ धरती माँ! ओ अग्निदेव! माँ अरुन्धती! भगवन् वशिष्ठ और विश्वामित्र! तात जनक! प्रिय सुग्रीव और हनुमान्! यह राम आज तुम सब की कृतज्ञता से मुँह मोड़ रहा है।

त्रिजटा, तू अच्छी रही रखी पराई लाज

मैं अपनी ही लाज को दूर भेजता आज।

ऐसा नहीं, अब तो मुझे अधिकार नहीं रह गया - इन दिव्य विभूतियों के नाम लेने का :

कलुषित अन्तर्मन लिए पत्नीत्यागी राम

इन सन्तों के पुण्यतम कैसे लेता नाम!

दिव्य महात्मा ये सभी इनके नाम पवित्र

मेरे स्वर-संयोग से होते ज्यों अपवित्र[1] ।।48 ।।

कैसा क्षण आया है कि

प्रेम और विश्वास डोर से बँधी पास में जो आई

मेरी छाती पर सिर रखते ही जिसको निद्रा आई।

अपनी उस प्रिय पत्नी को आँगन की जगमग लक्ष्मी को

मैं वन में अब छोड़ रहा हूँ देखो मेरी निठुराई।

---

1. दु:खसंवेदनायैव रामे चैतन्यमागतम्
मर्मोपघातिभिः प्राणैर्वज्रकीलायितं हृदि। उ.च. 1.47

1. ते हि मन्ये महात्मानः कृतघ्नेन दुरात्मना
मया गृहीतनामानः स्पृश्यन्त इव पाप्मना। वही 1.48

थर-थर काँप रही है देवी इसका मन ज्यों शंकित है
पूर्ण गर्भ में भी हलचल है वह भी कुछ आतंकित है
फिर भी इसे परोस रहा मैं नरभक्षी वनपशुओं को
मैं कितना कठोर हूँ मेरा हृदय कालिमा अंकित है[1] ।। 49 ।।

(पायल बजने से पाँव मस्तक पर लगाने का संकेत)

राम के मस्तक पर यह तुम्हारा अन्तिम चरण-स्पर्श है *(रोने का ध्वनि-संकेत)*।

एक स्वर : *[दूर से चीखने की ध्वनि]*

अनर्थ! घोर अनर्थ!

राम : यहाँ कौन है? पता लगाओ, कौन चीख रहा है?

एक स्वर : यमुना-तीर से यह महर्षियों का प्रतिनिधि-मण्डल आया है। उन्हें लवणासुर बहुत कष्ट दे रहा है। आप रक्षा करें।

राम : क्या अव भी राक्षसों का आतंक चल रहा है? तो, मथुरा के इस कुम्भीनसी-पुत्र को नष्ट करने के लिए शत्रुघ्न को भेजने की व्यवस्था करूँ। *(तेज पद-चाप से जाकर दरवाजा खोलते और पुनः वंदकर लौटते हुए)* हाय देवी! क्या ऐसी ही चली जाओगी! भगवती पृथ्वी! अपनी सुयोग्य पुत्री सीता की सार-सम्हाल करना -

इस देवी को यज्ञभूमि से
हे माँ! तुमने जन्म दिया
जनक और रघु-कुल का जलता
इसके तन में एक दिया[2] ।। 51 ।।

(रोते हुए जाने का ध्वनि-संकेत)

---

1. विस्रम्भादुरसि निपत्य जातनिद्रा-मुन्मुच्य प्रियगृहिणीं गृहस्य लक्ष्मीम्
आतङ्कस्फुरितकठोरगर्भगुर्वीं क्रव्याद्भ्यो बलिमिव दारुणः क्षिपामि। उ.च. 1.49
2. जनकानां रघूणां च यत् कृत्स्नं गोत्रमङ्गलम्
यां देवयजने पुण्ये पुण्यशीलामजीजनः। वही 1.51

सीता : *(नींद में)* हाय! प्रियदर्शन आर्य-पुत्र! कहाँ हो? *(सहसा जागकर)*

हाय रे, छिः! कितना अशुभ सपना आया। मुझे तो लगने लगा कि मैं उनसे दूर हो गई। छिः रे! ... पर अकेली... मुझे सोती हुई छोड़कर प्राणनाथ कहाँ चले गए? ... अच्छा, जी भर भला-बुरा कहूँगी... उन्हें देखकर कह पाई तो! यहाँ है कोई?

(दरवाजा खुलने और पदचाप के संकेत)

दुर्मुख : देवी! कुमार लक्ष्मण कह रहे हैं - रथ तैयार है, आप उस पर चढ़ें।

(पदचाप, रथ का चरमराना और घोड़े की हिनहिनाहट)

सीता : अभी चढ़ रही... ऊँह् *(पदचाप संकेत)* मेरा गर्भ-भार क्यों फड़क रहा है!

चलो, धीरे से चलते हैं।

दुर्मुख : इधर... इधर आएँ देवी।

सीता : रघुकुल की देवियों को मेरा प्रणाम। *(रथ चलने की ध्वनि)*

कथा-सूत्र

भवभूति की अमर कृति उत्तर-रामचरित में श्रीराम का आदर्श मानव स्वरूप रेखांकित किया गया है। वे सीता को हृदय से प्रेम करते हैं, पर एक शासक की पूर्ण निर्दोष छवि अंकित करने के लिए गर्भवती सीता का परित्याग कर देते हैं। बारह वर्ष बाद तामसी शंबूक का वध करने राम दुबारा दंडकारण्य जाते हैं तो पंचवटी के परिवेश में उन्हें निर्दोष सीता की स्मृतियाँ मूर्च्छित करने लगती हैं। इस विषम स्थिति का पहले से अनुमान करके, अपने पास सुरक्षित सीता को एक दिन के लिए अदृश्य वनाकर गंगा नदी वहाँ लाई थीं। राम को मूर्च्छावस्था में सीता स्पर्श करती हैं तो उनकी चेतना वापस आ जाती है। तमसा नदी, सीता की सहयोगिनी वनकर उनके साथ में है। सीता की पूर्वसखी दण्डकारण्य की वनदेवी वासन्ती उस समय गोदावरी में टकराते दो हाथियों की लड़ाई देखने में व्यस्त है। वह सहसा चीखती है कि जिस हाथी को सीता वेटे की तरह मानती थीं, उसे एक जंगली हाथी मार रहा है। यह चीख सुनकर राम उस ओर दौड़ पड़ते हैं।

(वन-परिवेश, नदी-प्रवाह और पदचाप ध्वनियाँ)

वासन्ती : *(घबराई हुई)* देव! शीघ्रता कीजिए।

सीता : *(कुछ दूर से)* हाय, मेरी प्रिय सहेली वासन्ती!

राम : देवी की प्रिय सहेली वासन्ती हो न?

वासन्ती : हाँ, देव! बहुत शीघ्रता कीजिए। इधर जटायु-शिखर के दाईं ओर सीता-तीर्थ से गोदावरी में उतरिए और देवी के बेटे को बचा लीजिए।

सीता : *(कुछ दूर से)* हा तात जटायु! आपके बिना जनस्थान सूना है।

राम : अहह, ये नाम कैसे-कैसे प्रसंगों का स्मरण करा रहे हैं!

वासन्ती : श्रीमन्! इधर से आइए।

सीता : भगवती तमसा! क्या सचमुच मुझे वनदेवी भी नहीं देख रही हैं?

तमसा : अरी बेटी! गंगा सभी देवताओं से श्रेष्ठ हैं। तुम शंका क्यों कर रही हो?

सीता : तव तो चलो, इनके पीछे पीछे रहते हैं।

(नदी का तेज प्रवाह, जलपक्षियों की ध्वनि)

राम : भगवती गोदावरी! राम का प्रणाम स्वीकार करो।

वासन्ती : *(नदी की ओर देखकर हर्षपूर्वक)* आप प्रसन्न हों देव! अपना बेटा जीत गया, इसने बनैले हाथी को मार भगाया।

राम : आयुष्मान् सदा विजयी रहे।

सीता : ओह! मेरा पुत्र ऐसा हो गया है!

राम : हाय देवी! तुम्हारे भाग्य बड़े हैं -

कमलनाल से निकल रहे दन्तांकुर वाला जो गज-शावक
हे सुन्दरी! तुम्हारे कानों के लवली-किसलय चरता था
कृतक पुत्र वह तरुणाई की नई उमंगें चूम रहा है
अब मदमत्त हाथियों के भी कान काटता झूम रहा है[1] ।। 15 ।।

सीता : ओ तमसा! यह तो इतना वड़ा हो गया। नहीं जानती, अब तक कुश और लव कैसे हो गए होंगे?

तमसा : जैसा यह है, वैसे वे दोनों।

सीता : मैं ऐसी मन्दभाग्य निकली, जिसे आर्यपुत्र का ही नहीं, पुत्रों का भी विरह झेलना पड़ रहा है।

तमसा : यह तो होनी का खेल है।

सीता : मैंने बेटे जन कर भी क्या किया, जिनके दूधिया दाँतवाले खिलखिलाते मुखकमल आर्यपुत्र न चूम पाए।

तमसा : देवता चाहेंगे तो सब होगा। ये सन्तानें ही माता-पिता को एक सूत्र में बाँधती हैं -

---

1. येनोद्गच्छद्विसकिसलयस्निग्धदन्ताङ्कुरेण व्याकृष्टस्ते सुतनु लवलीपल्लवः कर्णमूलात् सोऽयं पुत्रस्तव मदमुचां वारणानां विजेता यत् कल्याणं वयसि तरुणे भाजनं तस्य जातः। उ.च. 3.15

युगल-मन के जो परस्पर स्नेहमय अवदान रहते।
वे जहाँ प्रत्यक्ष होते हम उसे सन्तान कहते[1] ।। 17 ।।

वासन्ती : देव! इधर भी देखिए। रेशे जैसे रंगीन पंख निकलते जिस मयूर को जानकी ने पालकर बड़ा किया था, वह अपनी मोरनी के साथ कदम्व वृक्ष पर बैठा पिहक रहा है -

इस कदम्ब पौधे पर तब थे कुछ कोरक ही आए
सींच-सींचकर सीता ने पल्लव प्रसून लहराए
यह मयूर देवी का हर पल स्मरण किया करता है
बहुधा इसी पेड़ पर बैठा रहता पंख फुलाए।

राम : बेटे, पिहकते रहो।

सीता : हाँ।

राम : तुझे देखा तो -

हर फेरे में नयनों की पुतलियाँ फिराती
चंचल भौंहें कभी उठाती कभी गिराती
तुम्हें पुत्र मानती सिया सुधियों में आई
अपने करतल बजा बजाकर तुम्हें नचाती[2] ।। 19 ।।

वासन्ती : महाराज ! आप यहाँ थोड़ा-सा बैठ लें *(बैठने का ध्वनि संकेत)*

यही वालकदली-वन में स्वामी की शयनशिला थी
जहाँ मृगों को चारा देती सीता भी रहती थीं[3] । 21 ।।

सीता : सखी वासन्ती! यह क्या किया? आर्यपुत्र के साथ मुझे भी शयन-शिला दिखलाकर तुम कितना सताना चाहती हो! *(सिसकियाँ)*, हा दैव! ये मेरे विना और मैं इनके बिना?

---

1. अन्तःकरणतत्त्वस्य दम्पत्योः स्नेहसंश्रयात् आनन्दग्रन्थिरेकोऽयमपत्यमिति पठ्यते। वही 3.17
2. भ्रमिषु कृतपुटान्तर्मण्डलावृत्ति चक्षुः प्रचलितचतुरभ्रूताण्डवैर्मण्डयन्त्या
   करकिसलयतालैर्मुग्धया नर्त्यमानं सुतमिव मनसा त्वां वत्सलेन स्मरामि। वही 3.19
3. वही 3.21

तमसा : *(रुआँसे स्वर में)* ओह् सीता!

शोक और हर्ष के मिले-जुले भावों से

झर झर बहाती प्रेमपगा नीर

तनी बरौनियों वाली खुली-खुली

दूध की पनालियों-सी

उजली तेरीं आँखें

नहलाती जा रहीं

हृदय में विराजमान अपने प्रियतम को[1] ।।23 ।।

वासन्ती :

जी भर तरु फल-फूल बिछाएँ अभिनन्दन में

खिले कमल-वन की सुगन्ध छाए आँगन में

सरस कण्ठ से अविरल कलरव करें चिरैयाँ

फिर से आंज पधारे हैं राघव इस वन में[2] ।।24 ।।

राम : आओ सखी वासन्ती! तुम भी बैठो *(बैठने का संकेत) :*

अपने कोमल हाथों से

जिन पौधों को जल

चिड़ियों को दाना

हिरनों को चारा सीता देती थी,

---

1. विलुलितमतिपूरैर्वाष्पमानन्दशोकप्रभवमवसृजन्ती पक्ष्मलोत्तानदीर्घा
स्नपयति हृदयेशं स्नेहनिष्यन्दिनी ते धवलमधुरमुग्धा दुग्धकुल्येव दृष्टिः। उ.च. 3.23

2. ददतु तरवः पुष्पैरर्घ्यं फलैश्च मधुश्च्युतः स्फुटितकमलामोदप्रायाः प्रवान्तु वनानिलाः
कलमविरलं रज्यत्कण्ठाः क्वणन्तु शकुन्तयः पुनरिदमयं देवो रामः स्वयं वनमागतः। वही 3.24

उन्हें अकेले आज देखकर
ऐसा लगता
पिघलेगी मेरी छाती
फिर फट जाएगी[1] ।। 25 ।।

वासन्ती : महाराज! आप बड़े कठोर हैं।

सीता : सखी वासन्ती! तू क्या बोलने लगी? आर्यपुत्र तो सबके पूजनीय हैं।

वासन्ती : आपसे कुछ पूछना है :
तू मेरा जीवन है, तू दूसरा हृदय है
नयनों की चाँदनी सुधारस का परिचय है
भोली सीता को इन वचनों से बहलाकर
जो कर डाला छिः *(मूर्च्छित होती हुई)* कहने का नहीं विषय है[2] ।। 26 ।।

राम : सम्हलो वासन्ती!

वासन्ती : *(सम्हलकर)* तो आपने यह क्यों किया?

सीता : चुप रहो सखी!

राम : कुछ लोग नहीं सह पा रहे थे।

वासन्ती : किसलिए?

राम : वही जानें।

तमसा : यह तो स्त्रियों के प्रति कवका उलाहना है!

वासन्ती : हे निर्दय! तुमको यश प्रिय है पर अपयश का काम किया
वन में क्या वीता सीता पर तुमने कुछ अनुमान किया[3]? ।। 27 ।।

राम : सखी! क्या अनुमान शेष है -

---

1. करकमलवितीर्णैरम्बुनीवारशष्पैस्तरुशकुनिकुरङ्गान् मैथिली यानपुष्यत्
भवति मम विकारस्तेषु दृष्टेषु कोऽपि द्रव इव हृदयस्य प्रस्रवोद्भेदयोग्यः। उ.च. 3.25
2. त्वं जीवितं त्वमसि मे हृदयं द्वितीयं त्वं कौमुदी नयनयोरमृतं त्वमङ्गे
इत्यादिभिः प्रियशतैरनुरुध्य मुग्धां तामेव शान्तमथवा किमिहोत्तरेण। वही 3.26
3. अयि कठोर यशः किल ते प्रियं किमयशो ननु घोरमतः परम्
किमभवद् विपिने हरिणीदृशः कथय नाथ कथं वन्त मन्यसे। वही 3.27

एक साल के बाल हरिण-सी कातर दृष्टि हुई होगी
फड़का होगा गर्भ और गति उसकी मन्द हुई होगी
चन्द्रकान्ति में ढली जानकी की मृणाल-कोमल काया
नरभक्षी पशुओं के मुख में निश्चित लुप्त हुई होगी[1] ।। 28 ।।

सीता : आर्यपुत्र! जीवित हूँ, मैं तो जीवित हूँ।

राम : हाय! प्रिया जानकी! कहाँ हो *(रुदन का स्वर)*।

सीता : मुझे धिक्कार है। मेरे प्राणनाथ पराए जैसे चीख-चीखकर रो रहे हैं।

तमसा : बेटी! उन्हें थोड़ा रो लेने दो। तालाब जब बहुत भरता है, तब अतिरिक्त पानी को बाहर निकालना ही सही उपाय है। स्वयं अनचाहा परित्याग कर वे राजधानी में रो भी न पाते रहे होंगे।

राम : उफ़, कितनी वेदना है! दरकती है छाती, दो टूक नहीं होती। मूर्च्छित होता है शरीर, निष्प्राण नहीं होता। आँच देती है मन की ज्वाला, भस्म नहीं करती। मर्मस्थल पर चोट पहुँचाता है काल, जीवनलीला नहीं समाप्त कर देता। ओ मेरी गाँव-नगर की प्रजाओ!

नहीं चाहते थे तुम देवी वहाँ रहे मैंने तिनका मान उसे फेंका वन में
स्मृतियों से लाचार आज मैं रोता हूँ मिले तुम्हें संतोष हर्ष छाए मन में[2] ।। 32 ।।

वासन्ती : *(स्वगत)* इनका शोक-भार बहुत बढ़ गया है। *(स्पष्ट कथन)* देव! अब धैर्य धारण कीजिए।

राम : वासन्ती! इससे अधिक धैर्य क्या कि सीता को दूर कर जी रहा हूँ *(उद्वेगपूर्वक)* :

हा देवी! टूटता हृदय चरमरा रही है काया
दुनिया सूनी लगती है मैं लपटों में घिर आया

---

1. त्रस्तैकहायनकुरङ्गविलोलदृष्टेस्तस्याः परिस्फुरितगर्भभरालसायाः
ज्योत्स्नामयीव मृदुवालमृणालकल्पा क्रव्याद्भिरङ्गलतिका नियतं विलुप्ता। उ.च. 3.28
2. न किल भवतां देव्याः स्थानं गृहेऽभिमतं ततस्तृणमित वने शून्ये त्यक्ता न चाप्यनुशोचिता
चिरपरिचितास्ते ते भावास्तथा द्रवयन्ति मामिदमशरणैरद्यास्माभिः प्रसीदत रुद्यते। वही 3.32

अन्धकार है अन्तहीन मैं नख-शिख डूब रहा हूँ *(मूर्च्छित होते हुए)*

मूर्च्छा ने सिर पर आकर मेरा दुर्भाग्य जगाया[1] ।। 38 ।।

सीता : हाय रे! फिर से मूर्च्छित हो गए आर्यपुत्र। मैं मर गई।

तमसा : पुत्री! धैर्य न छोड़ो। तुम्हारा स्पर्श ही उनकी चेतना का उपाय है।

वासन्ती : क्या साँसें बन्द हैं! हा प्रियसखी सीता! कहाँ हो? अपने प्राणनाथ को वचाओ।

(सीता के शीघ्र पदचाप, हृदय और ललाट पर सहलाने के ध्वनि संकेत)

राम : *(होश में आते हुए)* तन पर भीतर-बाहर से यह सुधा-लेप करती

प्यारी प्यारी छुवन चेतना देती फिर हरती[2] ।। 39 ।।

(सीता का हाथ पकड़ने और चूड़ियों के ध्वनि संकेत)

सखी! जानकी फिर मिल गई। देखो न-

कंगन पहने जिसे विवाह समय मैंने अपनाया

चंदा की रसमय किरणों से विधि ने जिसे वनाया

सीता : आर्यपुत्र! आप वही तो हो।

राम :

यह सीता का दायाँ करतल वह ज्यों उसका वायाँ

लवली के किसलय सा कोमल पुनः भाग्य से पाया[3] ।। 40 ।।

---

1. हा हा देवि स्फुटति हृदयं ध्वंसते देहवन्धः शून्यं मन्ये जगदविरतज्वालमन्तर्ज्वलामि
   सीदन्न्धे तमसि विधुरो मज्जतीवान्तरात्मा विष्वङ्मोहः स्थयगयति कथं मन्दभाग्यः करोमि।
   वही 3.38
2. आलिम्पन्नमृतमयैरिव प्रलेपैरन्तर्वा वहिरपि वा शरीरधातूनम
   संस्पर्शः पुनरपि जीवयन्नकस्मादानन्दादपरमिवादधाति मोहम्। वही 3.39
3. गृहीतो यः पूर्वं परिणयविधौ कङ्कणधरः सुधासूतेः पादैरमृतशिशिरैर्यः परिचितः
   स एवायं तस्यास्तदितरकरौपम्यसुभगो मया लव्धः पाणिर्ललितलवलीकन्दलनिभः।
   उ.च. 3.40

वासन्ती : देव! आपका मन भटक गया है।

सीता : हाय, आर्यपुत्र के स्पर्श से मोहित होकर मैं पकड़ी गई *(हाथ छुड़ाकर दूर हटने का संकेत)*।

राम : अहो!

दोनों स्वेद नहाए दोनों में छाई कँपकँपी नई
छूकर जड़ बन गया हाथ जड़ बनी हथेली छूट गई।। 41 ।।

प्रिये! इस हाल में मुझे मत छोड़ो।

सीता : पर आप उल्टा कह रहे हैं- आर्यपुत्र!

तमसा- मेरी अच्छी पुत्री *(निरखकर)* -

वर्षा के पहले ही फुहार भरे झोंके से
जैसे गदराए पुष्पवल्लरी कदम्ब की
प्रियतम की एक छुअन पाकर तू सिहर उठी
दिखती रोमाञ्च भरी लीला अंग-अंग की।। 42 ।।

सीता : *(स्वगत)* लाचारी में झेंपना पड़ रहा है। भगवती क्या कहेंगी - ऐसा परित्याग और ऐसा आकर्षण!

राम : *(स्वगत)* यहाँ सीता तो कहीं नहीं दिखती... होती तो उसे वासन्ती भी देखती। हाय! क्या यह निरन्तर चिन्ता की प्रकट छाया थी? *(स्पष्ट कथन)*

सखी! अपनी अनन्त भटकन से तुम्हें क्यों चिन्तित करूँ? अव मुझे जाने की अनुमति दो।

वासन्ती : आपको अनेक राजनीतिक दायित्व निभाने होंगे। मैं क्या कहूँ देव!

सीता : *(उद्वेग से)* भगवती तमसा! आर्यपुत्र जा रहे हैं। अव क्या करूँ? *(मूर्च्छा संकेत)*

तमसा : तुम सम्हलो बेटी! यही संसार का घटना चक्र है -

एक ही संवेदनामय करुण रस हर ओर है
वह अनेक निमित्त लेकर झलकता कुछ और है
हम जिसे आवर्त्त बुद्वुद या कभी लहरें कहें
वह तरल जल है अकेला दिख रहा हर ठौर है[1] ।। 47 ।।

राम : पुष्पक! आओ, चलें। *(विमान उड़ने का ध्वनि-संकेत)*

---

1. एको रसः करुण एव निमित्तभेदाद् भिन्नः पृथक् पृथगिव श्रयते विवर्त्तान्
आवर्त्तबुद्वुदतरङ्गमयान् विकारानम्भो यथा सलिलमेव हि तत् समग्रम्। उ.च. 3.47

कथा-सूत्र

नाटक के कथानक में अव उनके वेटे कुश और लव बारह वर्ष के हो गए हैं तथा वाल्मीकि आश्रम में रहकर विद्याध्ययन कर रहे हैं। सीता से सूनी अयोध्या में न जाने का संकल्प लेकर राम की माताएँ और गुरु वशिष्ठ आदि भी वहीं रहना चाहते हैं। दण्डकारण्य से इस बार लौटकर राम अश्वमेध यज्ञ के कार्यक्रमों में व्यस्त हो जाते हैं। नाटक के चतुर्थ-पंचम अंकों के दृश्य हैं -

(तपोवन का वातावरण, दूर मन्त्रोच्चारण ध्वनि, तोते और हिरन वोलते हुए)

दण्डायन : मित्र सौधातकी! आज विशेष अतिथि आए हैं, तो विशेष तैयारी भी है वाल्मीकि आश्रम में। है न?

आश्रम का हिरन यह
नई ब्याई संगिनी का मुँह-लगाया
माड़ नीवार का छककर पी रहा,
उड़ रही सुगन्ध पाकशाला से
घी मिले चावल और हरे साग पकने की,
साग में महक रहा बेर का अमचुर...[1] ।। 1 ।।

सौधातकी : स्वागत है - तरह तरह की सफ़ेद दाढ़ी वाले इन तपस्वियों का। कुछ भी कहो, अध्ययन से छुट्टी दिला देते हैं।

दण्डायन : *(हँसकर)* बड़ों के प्रति सम्मान का यह कारण अच्छा रहा।

सौधातकी : भाई दण्डायन! इन अतिथि का नाम क्या है? इनके साथ तो महिलाओं का पूरा झुण्ड है।

दण्डायन : अरे, तुम खिल्ली उड़ा रहे हो? ये भगवान् वशिष्ठ हैं। देवी अरुन्धती और महाराज दशरथ की रानियों को लेकर ऋष्यश्शृङ्ग आश्रम से सीधे यहीं आए हैं।

---

1. नीवारौदनमण्डमुष्णमधुरं सद्यःप्रसूतप्रिया-पीतादभ्यधिकं तपोवनमृगः पर्याप्तमाचामति गन्धेन स्फुरता मनागनुसृतो भक्तस्य सर्पिष्मतः कर्कन्धूफलमिश्रशाकपचनामोदः परिस्तीर्यते। उ.च. 4.1

सौधातकी : ऐसा? और कल जो वैरागी वाबा आए हैं, वे भी तो कहीं राजा थे न?

दण्डायन : हाँ, राजा नहीं, महाराजा कहो। महाराज़ जनक हैं वे। अपनी पुत्री सीता का दुर्भाग्य सुनकर वानप्रस्थ हो गए हैं और इन दिनों चन्द्रद्वीप में तपस्या करते रहते हैं।

सौधातकी : तो यहाँ क्यों आए हैं?

दण्डायन : सौधातकी! उनकी भगवान् वाल्मीकि से वड़ी पुरानी मित्रता है। तो, उन्हीं का दर्शन-लाभ करने आए हैं।

सौधातकी : मित्र! मैं सव समझ गया। आज समधिनों का भी उन्हें दर्शन लाभ मिलेगा।

दण्डायन : यह सचमुच एक संयोग है। अभी वशिष्ठ जी ने कौशल्या देवी को कहला भेजा है कि स्वयं जाकर राजर्षि से मिलें।

सौधातकी : चलो, ये वृद्धजन जव तक मिलें जुलें... हम भी मिलकर खेलें। भाई, छुट्टी बेकार तो करेंगे नहीं। और वे राजर्षि कहाँ हैं? आज दिखे नहीं!

दण्डायन : वे बड़ी देर तक, महर्षि वाल्मीकि और वशिष्ठ जी से चर्चा करते रहे। अभी आश्रम के वाहर एक पेड़ तले कुछ सोचते अकेले वैठे हैं -

सीता जी का शोक हृदय को हर पल झुलसाता है
छिपी आग से पेड़ खोखला होता ही जाता है[1] ।।2 ।।

(पदचाप ध्वनि, दृश्यान्तर संगीत, सूखे पत्तों का उड़ना और पक्षियों के स्वर)

जनक : आह!

सन्तति पर जो विपदा आई उससे हृदय हुआ घायल
चलता वहीं शोक का आरा रुकता नहीं एक भी पल[2] ।।3 ।।

---

1. हृदि नित्यानुषक्तेन सीताशोकेन तप्यते, अन्तःप्रसृप्तदहनो जरन्निव वनस्पतिः। उ.च. 4.2
2. अपत्ये यत् तादृग् दुरितमभवत् तेन महता
विषक्तस्तीव्रेण व्रणितहृदयेन व्यथयता
पटुर्धारावाही नव इव चिरेणापि हि न मे
निकृन्तन् मर्माणि क्रकच इव मन्युर्विरमति। वही 4.3

यह वृद्धावस्था, दुःख और कष्टसाध्य तप शरीर तो जर्जर कर रहे हैं... इससे प्राण नहीं निकाल देते। हर क्षण अपमान का अनुभव कचोटता रहता है। बेटी सीता! देवताओं की यज्ञभूमि से क्या तुम इसीलिए जन्मी थीं कि तुम्हारा नाम लेकर जोर से रो भी न पाऊँ?... हाय!

शैशव का मुख-कमल तुम्हारा स्मरण आ रहा
कब रोओगी कब हँस दोगी
कुछ अनुमान न लग पाता था
खिलते और दमकते रहते
कलियों जैसे नन्हे नन्हे दाँत,
और जब कभी तुम कुछ-कुछ बोला करती थीं
बस तुतलाकर[1] ।। 4 ।।

कञ्चुकी : *(दूर से)* इधर से, भगवती और महारानी! इधर से।

जनक : अरे, भगवती अरुन्धती को साथ लिये कञ्चुकी आ रहा है। पर.... महारानी किसको कहा? हाय! ये तो महाराज दशरथ की धर्मपत्नी और मेरी प्रिय सखी कौशल्या हैं।... कौन कहेगा - ये वही हैं -

ये दशरथ के महलों में लक्ष्मी जैसी थीं
या कह लें निरुपम थीं सचमुच लक्ष्मी ही थीं
पर ये तो मानो बदलीं, कैसे दिन आए!
पञ्चतत्त्व पर घिर आए दुःखों के साए[2] ।। 6 ।।

ओह!

पहले जिसे देखकर लगता समारोह प्रत्यक्ष खड़ा
उसे देखकर लगता है घावों पर जैसे नमक पड़ा ।। 7 ।।

---

1. अनियतरुदितस्मितं विराजत्कतिपयकोमलदन्तकुड्मलाग्रम्
वदनकमलकं शिशोः स्मरामि स्खलदसमञ्जसमञ्जु जल्पितं ते। उ.च. 4.4
2. आसीदियं दशरथस्य गृहे यथा श्रीः श्रीरेव वा किमुपमानपदेन सैपा
कष्टं बतान्यदिव दैववशेन जाता दुःखात्मकं किमपि भूतमहो विकारः। वही 4.6

कौशल्या : *(कुछ दूरी पर हिचकिचाहट से)* इसी समय मिथिला-नरेश से मिलना है। यह तो वही है कि सब दुःख एकसाथ आते हैं। जी सम्हलता नहीं।

अरुन्धती : इसमें क्या सन्देह है -

प्रिय वियोग के दुःख वहुत दिन से जो मन में रहते

अपनों के मिलते ही वे अगणित सोतों में वहते[1] ।। 8 ।।

(निकट पदचाप-ध्वनि)

जनक : उषाकाल की तरह सारे जगत् की वन्दनीय देवी अरुन्धती को जनक का प्रणाम निवेदित है।.... और, कहो कञ्चुकी! प्रजा-पालक राजा की ये माताजी ठीक तो हैं?

कञ्चुकी : *(स्वगत)* अरे, इतना कड़ा उलाहना! *(स्पष्ट कथन)* हे राजर्षि! इसी शोक के कारण राम से संबंध तोड़कर जो यहाँ आई हैं, उन दुःख में डूवी हुई देवी को आप और दुःखित न करें। राम का भी क्या दुर्भाग्य है! अग्निशुद्धि पर प्रजा के कुछ लोगों ने शंका व्यक्त की तो उन्होंने यह क्रूर निर्णय ले लिया।

जनक : *(क्रोध से)* छिः! कौन होती है अग्नि - हमारे कुल को शुद्धता का प्रमाणपत्र देने वाली। यह कहकर राम के बाद आज तुम मुझे अपमानित कर रहे हो?

अरुन्धती : सच है, बेटी सीता के सामने अग्नि शव्द छोटा है। हाय, मेरी बेटी! तुम शिशु हो, शिष्या हो :

किन्तु तुम्हारी जग में जय जय होती है,

नारी हो या पुरुष

अवस्था कुछ हो, गुण की पूजा होती है[2] ।। 11 ।।

कौशल्या : आह! वेदनाएँ जड़ से उखाड़कर छोड़ेंगी *(मूर्च्छा संकेत)*।

---

1. सन्तानवाहीन्यपि मानुषाणां दुःखानि सम्वन्धिवियोगजानि
   दृष्टे जने प्रेयसि दुःसहानि स्रोतःसहस्रैरिव संप्लवन्ते। उ.च. 4.8
2. शिशुर्वा शिष्या वा यदसि मम तत्तिष्ठतु तथा
   विशुद्धेरुत्कर्षस्त्वयि तु मम भक्तिं द्रढयति
   शिशुत्वं स्त्रैणं वा भवतु ननु वन्द्यासि जगतां
   गुणाः पूजास्थानं गुणिषु न च लिङ्गं न च वयः। वही 4.11

जनक : हाय, यह क्या! मैंने अपनों से क्रूर व्यवहार किया।

अरुन्धती : अव क्या करूँ? *(सिसकियाँ)* कौशल्या की साँसें बन्द हो रही हैं।

जनक : हाय, प्रिय सखी! *(कमण्डलु के जल से सींचने का संकेत)*

कञ्चुकी : अहो!

मित्र सा बनकर विधाता पूर्व में
मन के समानान्तर सभी आनन्द के संभार दे देता
फिर अचानक क्रूर बनकर पलटता है
जोड़ने लगता नए परिशिष्ट मानस व्याधियों के।। 15 ।।

कौशल्या : *(होश में आकर)* हा बेटी जानकी! कहाँ हो? तुम आ जाओ, मेरी गोद हरी कर दो।

(दूर बच्चों का शोरगुल, सुनने के प्रतिक्रियात्मक संकेत)

जनक : अच्छा, छुट्टी में खेलते हुए बच्चे कोलाहल कर रहे हैं।

कौशल्या : बच्चे तो हर समय प्रसन्न रहते हैं....एँ... इनके बीच यह कौन बालक है? हूबहू बचपन के राम जैसा! देखकर आँखें जुड़ा गईं।

अरुन्धती : *(हर्ष और उल्लासपूर्वक स्वगत)* यही वह रहस्य है, जो गंगा नदी ने मेरे कानों में अमृत की बूँद-सा डाल दिया था। पर क्या पता! कुश और लव के बीच यह कौन-सा है? *(स्पष्ट कथन)* हाँ, राजमाता!

नील कमल- दल जैसे साँवले
इस सुन्दर बालक के लहराते घुँघराले काकपक्ष केश
देखकर स्मरण आता शैशव रामभद्र का
इस पावन आभा से दमक रहा आश्रम परिवेष[1] ।। 19 ।।

---

1. कुवलयदलस्निग्धश्यामः शिखण्डकमण्डनो
वटुपरिषदं पुण्यश्रीकः श्रियेव समाजयन्
पुनरपि शिशुर्भूतो वत्सः स मे रघुनन्दनो
झटिति कुरुते दृष्टः कोऽयं दृशोरमृताञ्जनम्। उ.च. 4.19

कञ्चुकी : मुझे लगता है, यह बालक क्षत्रिय व्रह्मचारी है।

जनक : हाँ, कञ्चुकी! तुम्हारा अनुमान सही है -

पीठ पर शिखा छूते दो तरकश दिखते हैं
जिनमें चीलपंख लगे बाणों का खजाना है
भस्मलेप से पवित्र इसका वक्षःस्थल है
उस पर मृगचर्म उत्तरीय भी सुहाना है
सुन्दर मँजीठ वर्ण धोती पर कसी हुई
मूँज की तगड़ी से मैंने पहचाना है
हाथों में जपमाला से लिपटा धनुष और
पीपल का दण्ड यही क्षत्रिय का बाना है[1] ।। 20 ।।

तो, जाओ न आर्य! बालक को हम लोगों के पास बुला लाओ।

कञ्चुकी : आपकी जो आज्ञा। *(पदचाप-ध्वनि)*

लव : यह लव आप सबको क्रमानुसार प्रणाम करता है।

अरुन्धती और जनक : प्रिय वालक! युग-युग जियो।

कौशल्या : बेटे! चिरञ्जीव। मेरे पास आओ। *(गोद में विठाने का ध्वनि संकेत)* अहा! आकार ही नहीं, स्वर और स्पर्श भी वही है। केवल मुख की संरचना में बहू की झलक मिल गई है। अच्छा वेटा! तुम्हारे माता-पिताजी कौन हैं, जानते हो?

लव : मैं किसी को नहीं, केवल भगवान् वाल्मीकि को जानता हूँ।

(मुनादी का ध्वनि-संकेत)

---

1. चूडाचुम्बितकङ्कपत्रमभितस्तूणीद्वयं पृष्ठतो
भस्मस्तोकपवित्रलाञ्छनमुरो धत्ते त्वचं रौरवीम्
मौर्व्यामेखलया नियन्त्रितमधोवासश्च माञ्जिष्ठकं
पाणौ कार्मुकमक्षसूत्रवलयं दण्डं तथा पैप्पलम्। उ.च. 4.20

एक स्वर : सैनिको! सावधान। कुमार चन्द्रकेतु का आदेश है कि आश्रम-परिसर में कोई आक्रमण न करे।

कौशल्या : लक्ष्मण का वेटा चन्द्रकेतु अव सैनिकों को आदेश देने लगा! ये तो अमृतभरे शब्द सुनने को मिले।

लव : मान्यवर! क्या जनक-राजपुत्री उर्मिला चन्द्रकेतु की माँ हैं?

जनक : अरे वाह! तुम्हें सव राम-कथा आती है, तो बताओ, उन चारों भाइयों के कौन-कौन वेटे हैं?

लव : गुरुदेव ने अभी यह प्रसंग किसी को नहीं सुनाया है। वे इसे भरतमुनि के माध्यम से मंच पर प्रस्तुत कराएँगे। आज ही तो भैया के हाथ वह पाण्डुलिपि उनके पास भेजी है।

कौशल्या : तो क्या तुम्हारे कोई वड़े भाई भी हैं?

लव : हैं न... भैया कुश! हम दोनों जुड़वे हैं, पर वे जन्मक्रम के अनुसार बड़े हैं।

जनक : चिरञ्जीव! तुम्हें किस प्रसंग तक रामायण का ज्ञान है?

लव : बस, वहीं तक कि प्रसव-वेदना से तड़पती हुई सीता को जंगल में अकेली छोड़कर लक्ष्मण लौट गए।

जनक : *(सिसकते हुए)* हाय, मेरी पुत्री!

लव : मान्य देवी! ये दोनों जन कौन हैं?

अरुन्धती : मेरे लाड़ले! ये कौशल्या हैं और ये जनक।

लव : च् च् च्। *(कई वालकों के दौड़कर आने का ध्वनि-संकेत)*

दो बालक : कुमार! कुमार! एक नया जानवर आया है। लोग उसे अश्व कह रहे हैं।

लव : कैसा है वह?

दो बालक : पीछे से लटक रही एक भारी-सी पूँछ

उसको वह वलशाली हरदम हिलाता है

खुर तो हैं चार ही पर वहुत लम्वी गर्दन है
हिरन आदि पशुओं से न मेल वह खाता है
खाता है घास किन्तु आमफल जैसी लीद
राह में विखेरता कभी न सकुचाता है
वर्णन कहाँ तक करें, चलो, उसे देखें मित्र!
बातें करते ही वह दूर चला जाता[1] है।।26 ।।

लव : प्रणम्य अतिथियों से विदा ले रहा हूँ।

(पक्षियों का कलरव, घोड़े की हिनहिनाहट, दौड़ते पदचाप और वच्चों का शोर)

दो बालक : कुमार ! देखिए आश्चर्य।

लव : देखा और समझ भी लिया। यह तो अश्वमेध का घोड़ा है।

दो बालक : कैसे समझ लिया?

लव : अरे मूर्खो! वेद का वह काण्ड तुम लोगों ने भी पढ़ा है। देखते नहीं? हर दिशा में डण्डे और तरकश लिये सौ-सौ सैनिक इसके साथ चल रहे हैं। चाहो तो पूछ लो।

दो बालक : ए जी ए ! यह कैसा अश्व है? *(घोड़े के टाप एवं हिनहिनाने की आवाज़)*

प्रधान सैनिक : *(कुछ दूर से)*
यज्ञ अश्व यह भेजा है रघुकुल के विश्वविजेता ने
इसे विजय का ध्वज अथवा समराङ्गण का न्यौता मानें[2]।।27 ।।

लव : अरे, क्या धरती में क्षत्रिय-कुल वच रहा नहीं जो तेरे राजा ने ऐसी

---

1. पश्चात् पुच्छं वहति विपुलं तच्च धूनोत्यजस्रं
दीर्घग्रीवः स भवति खुरास्तस्य चत्वार एव
शष्पाण्यत्ति प्रकिरति शकृत्पिण्डकानाम्रमात्रान्
किं व्याख्यानैर्व्रजति स पुनर्दूरमेह्येहि यामः। उ.च. 4.26
2. योऽयमश्वः पताकेयमथवा वीरघोषणा, सप्तलोकैकवीरस्य दशकण्ठकुलद्विपः। वही 4.27

वात कही?

प्रधान सैनिक : ऐ बालक! महाराज के सामने कौन क्षत्रिय टिकेगा?

लव : धिक्कार है इन नासमझों को

वीर जग में नहीं हैं या हैं

हमें क्यों कर डराते जा रहे

अभी रघुकुल का विजय ध्वज

मैं हरण करता, बता देना उन्हें[1] ।। 28 ।।

विद्यार्थियो! इस घोड़े को घेरकर, ढेलों से मारते हुए आश्रम ले चलो। हिरनों के संग-संग यह भी घास चरेगा।

प्रधान सैनिक : धत् चञ्चल! क्या बोल रहे हो? तेज धार वाले हथियार बच्चों का भी इतराना नहीं सहते। परमवीर राजकुमार चन्द्रकेतु जब तक वन-शोभा देखकर नहीं लौटते, उसके पहले ही इधर घने पेड़ों की ओट में भाग जाओ... भागो।

दो बालक : कुमार! रहने दो अश्व को। धनुष ताने हुए तेज शस्त्रधारी तुम्हारी ओर बढ़ रहे हैं। आश्रम यहाँ से दूर है। चलो, चौकड़ी मारते निकल चलें।

लव : क्या शस्त्र चमक रहे हैं? *(धनुष चढ़ाने की चरमर ध्वनि)*

अब तो धनुष मेरा

लेकर जम्हाई हँसे

घर्घर निनाद कर बन जाए काल-मुख

रिपुदल निगलती प्रत्यञ्चा

उसकी जीभ, और

वृत्ताकार कोटि विकराल जबड़ा[2] ।। 29 ।।

---

1. यदि नो सन्ति सन्त्येव केयमद्य विभीषिका,
   किमुक्तैरेभिरधुना तां पताकां हरामि वः। उ.च. 4.28
2. ज्याजिह्वया वलयितोत्कटकोटिदंष्ट्र- मुद्गारिघोरघनघुर्घुरघोषमेतत्
   ग्रासप्रसक्तहसदन्तकवक्त्रयन्त्रजृम्भाविडम्बि विकटोदरमस्तु चापम्। वही 4.29

(तीर चलने, चीख-पुकार और भगदड़ की ध्वनियाँ)

प्रधान सैनिक : *(कुछ दूरी पर, जोर से)* अरे सैनिको! लौट आओ। अव तो भरोसा करो -

युद्ध की चीत्कार वन में दूर से सुनकर
चले आर्य सुमन्त्र रथ को तेज दौड़ाकर
देख लो लहरा रहा कचनार-ध्वज का पट
चन्द्रकेतु कुमार आ पहुँचे अतीव निकट।

(दौड़ते हुए रथ और सेना की वापसी का ध्वनि संकेत)

चन्द्रकेतु, आर्य सुमन्त्र! देखिए... देखिए...
तमतमाए रूप पर वालक-सुलभ चोटी निकाले
खड़ा कोई वीर वालक युद्ध का मोर्चा सम्हाले
कसे चरमर नाद करते धनुष से इसने निरन्तर
खड़ी सेना की फसल पर हिम-झड़ी से तीर डाले[1] ।।2 ।।

(आश्चर्य सहित)

इस अकेले मुनितनय की क्रोध-मुद्रा
कहीं अँकुराए नए रघुवंश का पुरुषार्थ दिखलाती
ओह! शिशु की मार से घायल गजों की
कनपटी, टकरा रहे हर तीर में चिनगारियाँ लाती[2] ।।3 ।।

---

1. किरति कलितकिञ्चित्कोपरज्यन्मुखश्रीरविरतगुणगुञ्जत्कोटिना कार्मुकेण समरशिरसि चञ्चत्पञ्चचूडश्चमूनामुपरि शरतुपारं कोऽप्ययं वीरपोतः। उ.च. 5.2
2. मुनिजनशिशुरेकः सर्वतः सम्प्रकोपान्नव इव रघुवंशस्याप्रसिद्धः प्ररोहः दलितकरिकपोलग्रन्थि- टङ्कारघोरज्वलितशरसहस्रः कौतुकं मे करोति। वही 5.3

सुमन्त्र : हाँ चिरञ्जीव! इस बालक को देखकर, ठीक इसी अवस्था में विश्वामित्र की यज्ञ-रक्षा करते धनुर्धर श्रीराम का स्मरण हो रहा है।

चन्द्रकेतु : मुझे तो लज्जा का अनुभव हो रहा है कि एक बालक को पूरी सेना ने घेर लिया- *(युद्ध के नगाड़े और धनुष की टंकार) :*

घिर गया है यह अकेला शिशु
चमकते अस्त्र-शस्त्रों से सुसज्जित सैन्य
स्वर्णिम घुँघरुओं से खनखनाते रथ
निरन्तर मद-फुहारें छोड़ते
काले भयंकर मेघ जैसे हाथियों से[1] ।। 5 ।।

सुमन्त्र : प्रियवर! सब सैनिक मिलकर भी इसका कुछ न विगाड़ पाएँगे।

चन्द्रकेतु : आर्य! जल्दी करें... वहुत जल्दी करें। यह तो हमारी सेना का विनाश करने लगा *(हाथी चिग्घाड़ने तथा युद्ध का ध्वनि-संकेत) :*

वीर ने युद्ध के नगाड़ों पर छेड़ी
पहले धनुष-टंकार,
पर्वत के कुञ्जों में रह-रह गरजते
हाथियों के कान हुए ज्वर-ग्रस्त
और अब तो
सैनिकों के रुण्ड-मुण्ड नचा रहा
जैसे प्यासा काल
चारों ओर, जूठन विखेर रहा हड्डी और मांस[2] ।। 6 ।।

---

1. अयं हि शिशुरेककः समरभारभूरिस्फुरत्-
करालकरकन्दलीकलितशस्त्रजालैर्वलैः
क्वणत्कनककिङ्किणीझणझणायितस्यन्दनै-
रमन्दमददुर्दिनद्विरदडामरैरावृतः। उ.च. 5.5
2. आगर्जद्गिरिकुञ्जकुञ्जरघटानिस्तीर्णकर्णज्वर-
ज्यानिर्घोषममन्ददुन्दुभिरवैराध्मातमुज्जृम्भयन्
वेल्लद्भैरवरुण्डखण्डनिकरैर्वीरो विधत्ते भुवं
तृप्यत्कालकरालवक्त्र-विघसव्याकीर्यमाणामिव। वही 5.6

सुमन्त्र : *(स्वगत)* ऐसे के साथ कैसे वत्स चन्द्रकेतु को द्वन्द्वयुद्ध की अनुमति दूँ, पर सूर्यकुल की मर्यादा है... अनुमति तो देनी पड़ेगी।

चन्द्रकेतु : *(आश्चर्यपूर्वक झेंपते हुए)* हाय, धिक्कार है! सारी सेना ने पीठ दिखा दिया।

सुमन्त्र : *(रथ वेग का संकेत)* चिरञ्जीव! अब तुम्हारी वात वह वीर सुन लेगा।

चन्द्रकेतु : *(भूलता-सा)* इनका क्या नाम लेते हैं लोग?

सुमन्त्र : लव।

चन्द्रकेतु :

हे पराक्रमी लव! इन सैनिक योद्धाओं को जाने दो,
मैं आ गया मिलो मुझसे, दो तेजों को टकराने दो।।7।।

सुमन्त्र : कुमार! देखो.. देखो :

सुनी तुम्हारी टेर सैन्यवध छोड़ वाँकुरा लौट पड़ा
घन-गर्जन पर ज्यों गज-हिंसा छोड़ सिंह शिशु लौट पड़ा।।8।।

(पीछे से आक्रमण करती सेना का शोर)

लव : अरे, एक वार उखड़े सेनापति फिर से घेरना चाहते हैं? इन्हें निबटाकर चन्द्रकेतु से मिलता हूँ। *(तीर चलाने के संकेत)*

चन्द्रकेतु : आर्य! देखिए न, क्या दृश्य है!

गर्व कौतुक से भरा यह वीर अपनी दृष्टि मुझ पर ही गड़ाए है
सैन्य पीछे देखकर अपने धनुप पर क्रोध से डोरी चढ़ाए है
इस समय यह वृष्टि के पहले घुमड़ता श्यामवर्णी मेघ-सा लगता
इन्द्रधनु से सजे जिसके रूप को भटकी हवा नभ में उड़ाए है[1]।।11।।

---

1. दर्पेण कौतुकवता मयि वद्धलक्ष्यः पश्चाद्वलैरनुसृतोऽयमुदीर्णधन्वा
द्वेधा समुद्धतमरुत्तरलस्य धत्ते मेघस्य माधवतचापधरस्य लक्ष्मीम्। उ.च. 5.11

लव : समय व्यर्थ न बीते.. इसलिए जृम्भकास्त्र से इन सेनाओं को जड़ बना दूँ। *(तीर चलाने तथा शोर थमने के संकेत)* अव देखता हूँ चतुर चन्द्रकेतु को।

सुमन्त्र : *(घवराहट से)* वत्स! मुझे तो लगता है, कुमार लव ने जृम्मकास्त्र आमन्त्रित कर लिया।

चन्द्रकेतु : निश्चय ही :

दो पल अन्धकार छाया फिर फैला तीव्र प्रकाश
चित्रलिखित से हुए सभी सैनिक तकते आकाश।। 13 ।।

यह जृम्भकास्त्र की महिमा है।

सुमन्त्र : *(स्वगत)* यह दिव्यास्त्र तो विश्वामित्र जी ने केवल श्रीराम को दिया है, इस बालक को कहाँ से मिला? *(स्पष्ट कथन)* वत्स! सावधान हो जाओ। तुम्हारा प्रतिद्वन्द्वी वीर आ गया।

लव और चन्द्रकेतु : *(परस्पर)* अहो! कितने अच्छे हैं कुमार -

यह लीला संयोग की अथवा गुण उत्कर्ष
या फिर पिछले जन्म की मैत्री का संस्पर्श
है परिचय-वञ्चित सगा-सा कोई व्यवहार
दृष्टिपात इन पर हुआ वजे हृदय के तार[1] ।। 16 ।।

सुमन्त्र : *(स्वगत)* अरे! इन दोनों में अकारण और असमय स्नेह वढ़ रहा है। इसे कौन रोक सकता है?

लव और चन्द्रकेतु : *(परस्पर)* आह!

स्निग्ध हीरे से मनोहर गात पर, क्या करूँ शरवेध का आरम्भ मैं
अभी वाँहों में भरूँ इस चाह से, वन रहा हूँ पुलकपूर्ण कदम्व मैं[2] ।।18।।

---

1. यदृच्छासंवादः किमु गुणगणानामतिशयः
पुराणो वा जन्मान्तरनिविडवद्धः परिचयः
निजो वा सम्वन्धः किमु विधिवशात् कोऽप्यविदितो
ममैतस्मिन् दृष्टे हृदयमवधानं रचयति। उ.च. 5.16

2. एतस्मिन् मसृणितराजपट्टकान्ते मोक्तव्याः कथमिव सायकाः शरीरे
यत्प्राप्तौ मम परिरम्भणाभिलापादुन्मीलत्पुलककदम्वमङ्गमास्ते। वही 5.18

पर :

युद्ध से यदि आज पीछे हट गया
तो मुझे ये वीर मानेंगे नहीं
यही दो-दो हाथ करने की घड़ी
समर में संवेदना चलती नहीं[1] ।।19 ।।

सुमन्त्र : *(स्वगत गद्गद स्वर)* मेरे हृदय! लव को देखकर तुम इतने क्यों द्रवित हो रहे हो?

भाग्य ही इस कामना का वीज हमसे ले गया
कट गई लतिका सुमन कैसे प्रफुल्लित हो नया[2] ।।20 ।।

चन्द्रकेतु : सुमन्त्र जी! मैं रथ से उतरना चाहता हूँ।

सुमन्त्र : किसलिए?

चन्द्रकेतु : एक तो इस वीर का सम्मान होगा और दूसरा यह कि क्षत्रिय धर्म का निर्वाह होगा। युद्ध की आचार संहिता है न, कि रथ पर चढ़ कर पैदल प्रतिद्वन्द्वी से न टकराना चाहिए।

सुमन्त्र : *(स्वगत)* कुमार वहुत वड़े साहस का कार्य कर रहे हैं.. पर, ठीक है। *(स्पष्ट कथन)*... वत्स! यही उचित है-

---

1. उ.च. 5.19
2. मनोरथस्य यद् वीजं तद् दैवेनादितो हृतम्
   लतायां पूर्वलूनायां प्रसवस्योद्भवः कुतः। वही 5.20

लक्ष्मण को भी जन्म लिये कितने दिन बीते
उनकी शिशु पहचान आज भी वनी हुई है
उनके चिरञ्जीव तुम धर्माचरण सिखाते
दशरथ-कुल की आन आज भी वनी हुई है[1] ।। 24 ।।

चन्द्रकेतु : *(कष्ट का अनुभव कर)* आप भी आर्य!
ज्येष्ठ राघव का अधूरा कुल सभी को सालता
हम अधूरे हैं, हमारी आन का खोया पता[2] ।। 25 ।।

सुमन्त्र : चन्द्रकेतु के प्रत्येक शव्द मर्माहत कर रहे हैं।

लव : भावनाओं की खींचातानी में यह क्या हो रहा है?
आह, तन की विषमता!
जिसको निरखकर नेत्र मेरे यूँ हुलसते
चाँद को जैसे कुमुदिनी झाँक ले,
उसी से संग्राम करने को
भुजा यह, धनुष की डोरी चढ़ाए
कर रही टंकार पर टंकार[3] ।। 26 ।।

(धनुष टंकार और रथ रुकने के ध्वनि संकेत)

---

1. जातस्य ते पितुरपीन्द्रजितो निहन्तुर्वत्सस्य वत्स कति नाम दिनान्यमूनि
तस्याप्यपत्यमनुतिष्ठति वीरधर्मं दिष्ट्यागतं दशरथस्य कुलं प्रतिष्ठाम्। उ.च. 5.24
2. वही 5.25
3. यथेन्दावानन्दं व्रजति समुपोढे कुमुदिनी
तथैवास्मिन् दृष्टिर्मम कलहकामः पुनरयम्
रणत्कारक्रूरक्वणितगुणगुञ्जद्गुरुधनु-
र्धृतप्रेमा वाहुर्विकच-विकरालव्रणमुखः। वही 5.26

कथा-सूत्र

श्रीराम के अश्वमेध यज्ञ का घोड़ा उनके ही अपरिचित पुत्र द्वादश वर्षीय लव पकड़ लेते हैं और युद्ध में अयोध्या की चतुरङ्गिणी सेना को परास्त कर देते हैं। श्रीराम वहाँ पहुँचकर कुश और लव नामवाले जुड़वे बालकों को देखकर अनेक परिचय-सूत्रों से उनमें अपने पुत्रों की सम्भावना करने लगते हैं। इस घटना के कुछ ही दिनों बाद वाल्मीकि जी अपने महाकाव्य रामायण के उत्तरकाण्ड का मञ्चन गंगातट पर कराते हैं। प्रस्तुत है सप्तम अंक का वह महत्त्वपूर्ण गर्भांक -

(पृष्ठभूमि में नदी प्रवाह और जलपक्षियों की छुटपुट ध्वनि)

लक्ष्मण : अरे! भगवान् वाल्मीकि ने तो बड़ी भीड़ इकट्ठी कर ली है। इधर हमारे साथ सभी राजकीय अधिकारी और गाँव तथा नगर की सारी प्रजाएँ आमन्त्रित की हैं और उधर अपने प्रभाव से देवता, असुर तथा न जाने कौन-कौन जीवधारियों का समूह उपस्थित कर लिया है। और तो और, हमें भैया ने आदेश दिया, 'भाई लक्ष्मण! वाल्मीकि जी अपनी रचना का अप्सराओं से मञ्चन करा रहे हैं और उसे देखने के लिए हम सभी को आमंत्रित किया है। तो, गंगातट पर बनी रंगशाला में तुम पहुँचो और वहाँ सारे समाज को बैठाने का अच्छा-सा प्रबन्ध करा दो यह! मैंने तो सब व्यवस्थित करा दिया। अच्छा! भैया भी -

राज्य-आश्रम के निवासी, कष्टमय मुनिव्रत निभाते
रामजी वाल्मीकि के सम्मानवश इस ओर आते[1] ।।1।।

(पदचाप-ध्वनि)

राम : अनुज लक्ष्मण! सामाजिक लोग ठीक से बैठ गए?

लक्ष्मण : और क्या!

राम : उन दोनों बालकों को कुमार चन्द्रकेतु के समान ही सम्मानपूर्वक बिठाना।

लक्ष्मण : भैया! आपका आत्मीय स्नेह जानकर वैसा ही किया है। इधर राज-सिंहासन है... आप अलंकृत करें।

---

1. राज्याश्रमनिवासेऽपि प्राप्तकष्टमुनिव्रतः, वाल्मीकिगौरवादार्य इत एवाभिवर्तते। उ.च. 7.1

राम : *(बैठने का ध्वनि संकेत)* हाँ, प्रारम्भ कीजिए। *(गर्भांक का प्रारम्भ संगीत)*

सूत्रधार : सत्यवादी भगवान् वाल्मीकि का आदेश है - समूचे जड़-चेतन जगत् के लिए -

एक ऋषि की चेतना में जो रहस्य छिपा रहा

करुण-अद्‌भुत रस भरा वह आज प्रस्तुत हो रहा

थामकर छाती उसे नाटक विधा में देख लें

अमृतवाणी से नए कर्त्तव्य की कुछ सीख लें।

राम : यह तो शास्त्रों में कहा भी गया है कि धर्म का साक्षात्कार केवल महर्षियों को होता है और उनकी सत्य एवं सात्त्विक उक्तियों का कोई विकल्प नहीं होता।

सीता : *(दूर से संत्रासयुक्त विलाप का स्वर)* हाय आर्यपुत्र! कुमार लक्ष्मण! मैं पड़ी अकेली और बेसहारा! प्रसव-वेदना सही नहीं जाती। थककर चूर हो गई हूँ। हाय, मेरी ओर लपक रहे हैं - कई मांसभक्षी पशु। मैं अभागिन, आह! अव गंगा नदी में कूद पड़ूँ।

लक्ष्मण : आह! यह तो कुछ और हो रहा है।

सूत्रधार :

राजा ने धरती की वेटी को छोड़ा है जंगल में

प्रसव शूल से वह देवी अव कूद रही गंगाजल में[1] ।।2 ।।

(नदी में गिरने और पदचाप के संकेत, करुण संगीत)

राम : *(उद्‌वेगपूर्वक)* देवी! वहीं कहीं लक्ष्मण होगा।

लक्ष्मण : आर्य! यह नाटक है।

राम : ओ देवी! दण्डकारण्य की चिरसहचरी! राम के कारण तुम्हारी यह दुर्गति हुई!

लक्ष्मण : आर्य! आश्वस्त होकर देखें। यह एक महर्षि की नाट्य-रचना है।

---

1. विश्वम्भरात्मजा देवी राज्ञा त्यक्ता महावने
   प्राप्तप्रसवमात्मानं गंगादेव्यां विमुञ्चति। उ.च. 7.2

राम : चलो, आश्वस्त हूँ। वज्र का वना हूँ न!

(दो नवजात शिशुओं का रह-रहकर रोना, उन्हें गोद में लिये तथा सीता को सम्हाले हुई गंगा और पृथ्वी के मंच पर आने का संकेत)

भाई! मैं अँधेरे में प्रवेश कर रहा हूँ। घुप्प अँधेरा है, कुछ दिखता नहीं... मुझे सँभालो।

गंगा और पृथ्वी :

ओ मेरी अच्छी वेटी, तुम मन में कुछ भी न दुःख मानो
पलकें खोलो अभिनन्दन लो मंगलवेला को पहचानो
गहरा जल वना सूतिकागृह तुमने दो वेटे उपजाए
ये रघुकुल के नन्दन वन में दो कल्पवृक्ष हैं अँकुराए[1] ।। 3 ।।

सीता : *(आश्वस्त होकर)* सौभाग्य है कि वेटे हुए हैं। हा, आर्यपुत्र!

लक्ष्मण : *(राम के चरण-स्पर्श हेतु झुकने का संकेत)* भैया! हम वढ़ रहे हैं। रघुकुल की सन्तानें सकुशल हैं। *(देखकर)* अरे! भैया इतने कैसे गुमसुम हैं! इनकी आँखों से आँसू वहते ही जा रहे हैं।

गंगा और पृथ्वी : वेटी! तुम अपने को सँभालो।

सीता : *(आश्वस्त होकर)* देवियो! तुम दोनों कौन हो? मुझे छोड़ दो।

पृथ्वी : ये तुम्हारी ससुराल की कुल-देवी गंगा हैं।

सीता : भगवती गंगा! आपको प्रणाम करती हूँ।

गंगा : वेटी! चरित्र जैसा ही उत्तम सुख पाओ।

लक्ष्मण : हम कृतार्थ हुए।

गंगा : मेरे साथ स्वयं तुम्हारी माँ पृथ्वी हैं।

सीता : *(सिसककर)* हाय माँ! तुमने इस तरह मुझे देखा!

पृथ्वी : आओ वेटी! मेरी लाड़ली सीता!

(आलिंगन करके दोनों के मूर्च्छित होने का संकेत)

---

1. समाश्वसिहि कल्याणि दिष्ट्या वैदेहि वर्धसे
अन्तर्जले प्रसूताऽसि रघुवंशधरौ सुतौ। उ.च. 7.3

लक्ष्मण : *(प्रसन्नतापूर्वक)* तो क्या भाभी जी पर देवनदी गंगा और पृथ्वी ने अनुग्रह किया है?

राम : यह तो है। पर, देखो न लक्ष्मण! अब क्या होगा? एक-दूसरे को भेंट कर माँ-बेटी दोनों मूर्च्छित हो गई हैं।

गंगा : वाह! धरती माता बेचैन होने लगीं...तब तो मान गए कि सन्तान-स्नेह बहुत बड़ा होता है। यह संसार-सूत्र सभी प्राणियों को मोह में बाँधे रहता है। सखी पृथ्वी! बेटी वैदेही! धैर्य धारण करो।

पृथ्वी : *(होश में आकर)* देवी! सीता को उत्पन्न कर कैसे धैर्य धारण करूँ?

जानकी का राक्षसों के बीच रहना सह लिया

त्याग उसका अब हुआ तो यह सहा जाता नहीं।

गंगा : व्यक्ति चाहे यत्न जितने भी करे, करता रहे

भाग्य की विपरीत-गति को वह बदल पाता नहीं[1] ।। 4 ।।

पृथ्वी : भगवती गंगा! तुम्हारे रामभद्र चाहे जो करते रहें - सब उचित है -

न उस नामसमझ ने शिशु वयस में

पकड़ी कलाई को सही जाना

मुझे या जनक, अग्नि, चरित्र को

संतान को भी कुछ नहीं माना[2] ।। 5 ।।

सीता : हाय, आर्यपुत्र! याद तो करते होंगे?

पृथ्वी : आः! कौन है तुम्हारा आर्यपुत्र?

सीता : *(लज्जासहित सिसकियाँ)* जैसा माँ कहें।

राम : माँ पृथ्वी! मैं ऐसा ही हूँ।

गंगा : देवी वसुन्धरा! तुम्हीं सारे संसार का शरीर हो, तो बिना समझे-बूझे क्यों

---

1. सोढश्चिरं राक्षसमध्यवासस्त्यागो द्वितीयस्तु सुदुःसहोऽस्याः
को नाम पाकाभिमुखस्य जन्तुर्द्वाराणि दैवस्य पिधातुमीष्टे। उ.च. 7.4
2. न प्रमाणीकृतः पाणिर्बाल्ये बालेन पीडितः
नाहं न जनको नाग्निर्न तु वृत्तिर्न सन्ततिः। वही 7.5

दामाद पर क्रोध कर रही हो?

फैल रहा था अपयश जग में, मन के भीतर था सन्त्रास
लंका की उस अग्निशुद्धि पर, यहाँ कौन करता विश्वास
सूर्यवंश की लोकप्रियता, दाँव चढ़ी थी आठों याम
ऐसी विषम परिस्थिति में ही, बाध्य हो गए राजा राम[1] ।।6।।

लक्ष्मण : सचमुच, देवी-देवता सबके मन की बात जान लेते हैं।

गंगा : फिर भी मैं हाथ जोड़कर आपका मनावन कर लेती हूँ।

राम : गंगा माता! भगीरथ वंश पर यह आपकी एक और कृपा हो गई।

पृथ्वी : ऐसा नहीं भागीरथी! मैं तुम पर नित्य प्रसन्न रहती हूँ। स्नेह के असह्य आवेग में कुछ कह गई। क्या मैं नहीं जानती रामभद्र का सीता के प्रति हार्दिक प्रेम?

भाग्य का यह खेल, छोड़ी प्रियतमा, मन जल रहा और जी रहे हैं
यह अलौकिक आत्मबल श्रीराम का कोई, प्रजा का पुण्य भी है।।7 ।।

राम : बड़े अपने बच्चों पर दया ही करते हैं।

सीता : *(रुदन का स्वर, हाथ जोड़ने में चूड़ियों की खनक)* अम्बा! मुझे अपनी गोदी में छिपा लो।

गंगा : क्या कह रही हो? बेटी! धरती में समाने के पहले हजार वर्ष जियो।

पृथ्वी : पुत्री! तुम्हें दोनों बेटों का लालन-पालन करना है।

सीता : इन अनाथ बेटों के लालन-पालन से भी क्या!

---

1. घोरं लोके विततमयशो या च वह्नौ विशुद्धि-
लङ्काद्वीपे कथमिव जनस्तामिह श्रद्दधातु
इक्ष्वाकूणां कुलधनमिदं यत् समाराधनीयः
कृत्स्नो लोकस्तदिह विषमे किं स वत्सः करोतु। उ.च. 7.6

राम : मेरे हृदय! तुम वज्र ही हो।

गंगा : सनाथ बालकों को अनाथ क्यों कह रही हो सीता!

सीता : माँ गंगा, मुझ भाग्यहीन की सनाथता कैसी?

गंगा और पृथ्वी :

तुम हो लोकपावनी सीता
हीनभाव कैसे आया?
आज तुम्हारा संग मिला
तो हमने भी गौरव पाया[1]।।8।।

लक्ष्मण : भैया! आप भी सुनिए... आदरणीया भाभी के बारे में दिव्य शक्तियाँ क्या कहती हैं!

राम : मैं क्या सुनूँ, सारा संसार सुने।

(दूर से युद्ध-वाद्यों की पृथक्-पृथक् झलकियाँ और शोरगुल)

राम : यह कई रंगों का दिव्य प्रकाश और युद्ध-संगीत कैसा? रूपक में कोई विशेष अद्‌भुत दृश्य सामने आ रहा होगा।

सीता : यह कैसा कोलाहल है? अरे! आकाश में लपटें क्यों उठ रही हैं?

गंगा और पृथ्वी : अच्छा! अब समझ में आया -

पहले मुनि कृशाश्व फिर विश्वामित्र
और राघव ने जिसको पाया
जृम्भक आदि दिव्य अस्त्रों का
वही तेज शिशु-जन्मोत्सव पर आया[2]।।9।।

(दूर से समवेत स्वर)

---

1. जगन्मंगलमात्मानं कथं त्वमवमन्यसे, आवयोरपि यत् संगात् पवित्रत्वं प्रकृष्यते। उ.च. 7.8
2. कृशाश्वः कौशिको राम इति येषां गुरुक्रमः, प्रादुर्भवन्ति तान्येव शस्त्राणि सह जृम्भकैः। वही 7.9

हे जानकी देवी! हमारा नमन-स्वर स्वीकार कर लें
दिव्य ऊर्जा से करेंगे आपकी सन्तान-सेवा हम
याद होगा चित्रवीथी देखने की पुण्य वेला में
मान्य श्री रघुनाथ ने हमको दिया था यही अग्रिम क्रम[1] ।। 10 ।।

सीता : यह तो सौभाग्य है कि ये अस्त्र देवता हैं। आर्यपुत्र! आपका अनुग्रह अब भी रह-रहकर प्रकाश की किरणें दिखा जाता है।

लक्ष्मण : हाँ-हाँ, भैया ने चित्रवीथी देखते समय भाभी को वचन दिया था कि ये दिव्यास्त्र तुम्हारी सन्तानों को भी मिल जाएँगे।

गंगा और पृथ्वी :

श्रेष्ठ अस्त्रों को हमारा भी नमन है
अब हुए हम अधिकतर आनन्द-विह्वल
तुम सभी चोखे रहो, ये वीर बालक
जब कभी चाहें चले आना उसी पल[2] ।। 11 ।।

राम :

हर्ष विस्मय के थपेड़े
करुण रस से आज यूँ टकरा रहे
ये उफनकर
कब डुबो देंगे मुझे
कुछ कह नहीं सकता[3] ।। 12 ।।

गंगा और पृथ्वी : प्रसन्न रहो बेटी! अब तो सदा प्रसन्न रहो। इस विशेष उपलब्धि से तुम्हारे दोनों पुत्र हर तरह से रामभद्र के समान हो गए।

---

1. देवि सीते! नमस्तेऽस्तु गतिर्नः पुत्रकौ हि ते
आलेख्यदर्शनादेव ययोर्दाता रघूद्वहः। उ.च. 7.10
2. नमो वः परमास्त्रेभ्यो धन्याः स्मो वः परिग्रहात्,
काले ध्यातैरुपस्थेयं वत्सयोर्भद्रमस्तु वः। वही 7.11
3. क्षुभिताः काममपि दशां कुर्वन्ति मम सम्प्रति,
विस्मयानन्दसन्दर्भजर्जराः करुणोर्मयः। वही 7.12

सीता : मेरी माँ और भगवती जाह्नवी! यहाँ क्षत्रियोचित विधि से इनका संस्कार कौन कराएगा?

राम : आह!

ऋषिवर वशिष्ठ जिसके गुरु हैं

ऐसे रघुकुल की राजवधू

सुत का संस्कार कराने को

पाती न एक अदना साधू।। 13 ।।

गंगा : ओ कल्याणी! तुम्हें यह चिन्ता करने की क्या आवश्यकता आ पड़ी? मैंने सोच रखा है - ये दोनों चिरञ्जीव दूध पीना छोड़ दें तो इन्हें भगवान् वाल्मीकि को सौंप आऊँगी। तुम तो संयोग देखना -

वशिष्ठ जी सद्गुरु राघवों के

रहे, अभी और बने रहेंगे

वही मनस्वी इन बालकों के

समस्त संस्कार स्वयं करेंगे।। 14 ।।

वैसे, सच तो यह है कि -

रघुकुल और जनक कुल के अपने अपने गुरु

वे वशिष्ठ वे शतानन्द कहलाते हैं

पर महर्षि वाल्मीकि पूज्य दोनों कुल के

वे सर्वश्रेष्ठ सबके गुरु माने जाते हैं[1] ।। 15 ।।

राम : भगवती भागीरथी ने सही विकल्प सोचा है।

लक्ष्मण : भैया! मैं सच कह रहा हूँ - मुझे सभी लक्षणों का मिलान करके यही लग रहा है कि ये दोनों बालक कुश और लव ही हैं -

1. वशिष्ठ एव ह्याचार्यो रघुवंशस्य सम्प्रति, स एव चानयोर्ब्रह्मक्षत्रकृत्यं करिष्यति। यथा वसिष्ठाङ्गिरसावृषिः प्राचेतसस्तथा, रघूणां जनकानां च वंशयोरुभयोर्गुरुः। उ.च.7.14-15

हैं जन्मसिद्ध दिव्यास्त्र इन्हें
वाल्मीकि-शिष्य हैं ये दोनों
हैं वीर, रूप से आप सदृश
बारहवर्षीय युगल दोनों।। 16 ।।

राम : इन्हें अपना पुत्र जानकर, मैं कहीं हिलोरे लेता सुन्न-सा पड़ता जा रहा हूँ।

पृथ्वी : आओ बेटी! अब अपनी उपस्थिति से पाताल को पवित्र करो।

राम : आह प्रिये! तुम दूसरे लोक में चली गई हो?

सीता : अम्बा! मुझे अपनी गोदी में छिपा लो। मैं संसार से इस तरह का अपमान न सह पाऊँगी।

लक्ष्मण : देखें, पृथ्वी माता क्या उतर देती हैं!

पृथ्वी : नहीं बेटी! यह मेरा आदेश है कि जब तक दोनों पुत्र दूध पीना नहीं छोड़ देते, तब तक अच्छे से इनकी सार-संभाल करो। बाद में तुम्हारी जो इच्छा होगी, मैं वही करूँगी।

गंगा : हाँ, यही उचित है।

(नदी के कल-कल प्रवाह और डुबकी लगाने की ध्वनियाँ, गर्भांक समाप्त)

राम : क्या पाताल में विलीन ही हो गईं? हाय, चरित्र की देवी! तुम सदा सर्वदा के लिए दूसरे लोक चली गईं? *(गिरकर मूर्च्छित होने का ध्वनि-संकेत, पृष्ठभूमि में करुण संगीत)*

लक्ष्मण : *(कुछ चीखकर)* भगवान् वाल्मीकि! बचा लो, आर्य को बचा लो।
क्या यही आपके काव्य का निष्कर्ष निकलना था?

गंगा और पृथ्वी : *(दूर से)* बन्द करो यह वाद्य वजाना। हे जगत् के सारे जड़-चेतन तत्त्व, मानव और देवतागण! अव आप लोग देखें - महर्षि वाल्मीकि की आज्ञा से जो प्रकट हो रहा है - पवित्र आश्चर्य!

लक्ष्मण : एं!

अन्तरिक्ष में आकर जुटे देवऋषि सारे
गंगा की लहरें ज्यों मन्थन से अकुलाईं
अहा!
पल में गंगा और भूमि के संग जानकी
लहरों का पिंजरा उघारकर बाहर आईं[1] ।। 17 ।।

गंगा और पृथ्वी : *(कुछ दूर से)*
विश्ववन्दिता ओ अरुन्धती
भूमि और गंगा हैं हम
पुण्यचरित्रा वधू जानकी
तुमको सौंप रहे हैं हम[2] ।। 18 ।।

लक्ष्मण : परम आश्चर्य! ऊँ! *(कुछ चीखकर)* भाभी जी! देखिए न, भैया की साँसें बन्द हो रही हैं। वे अभी तक सचेत नहीं हुए।

(पदचाप-ध्वनियाँ)

अरुन्धती : बेटी सीते! शीघ्रता करो
संकोच-वृत्ति का त्याग करो
अपनी रसभरी हथेली से
रघुपति को जीवनदान करो[3] ।। 19 ।।

सीता : *(स्पर्श करने का संकेत)* आर्यपुत्र! आप आश्वस्त हो जाइए।

राम : *(उच्छ्वास लेकर आनन्दपूर्वक)* ओह! यह क्या है? *(देखकर हर्ष और आश्चर्य से)* क्या देवी जानकी हैं? *(लज्जा से)* अरे! माता अरुन्धती और ऋष्यशृंग आदि गुरुजन भी हैं!

---

1. मन्थादिव क्षुभ्यति गाङ्गमम्भो व्याप्तं च देवर्षिभिरन्तरिक्षम्
   आश्चर्यमार्या सह देवताभ्यां गङ्गामहीभ्यां सलिलादुपैति। उ.च. 7.17
2. वही 7.18
3. वही 7.19

अरुन्धती : वत्स! रघुकुल की देवी भागीरथी गंगा तुम पर प्रसन्न हैं।

गंगा : *(दूर से)* जगत्पति रामभद्र! स्मरण कीजिए, चित्रवीथी में मुझे देखकर आपने कहा था - 'रघुकुल-देवी! सीता पर सदा कृपा बरसाती रहें', तो मैंने अपना ऋण चुका दिया।

अरुन्धती : और ये रहीं तुम्हारी सास माता पृथ्वी।

पृथ्वी : *(दूर से)* आयुष्मान् ने मेरी पुत्री का परित्याग करते समय कहा था - 'भगवती पृथ्वी! अपनी सुयोग्य पुत्री सीता की सार-सम्हाल करना', तो मैंने आपकी बात पूरी कर दी।

राम : धरती माँ! मुझ अपराधी पर भी आपने दया की। मेरा प्रणाम स्वीकार कीजिए।

अरुन्धती : हे ग्राम-नगरवासियो! देवताओं की यज्ञभूमि से उत्पन्न और सूर्यकुल की वधू जानकी की प्रशंसा पृथ्वी और गंगा कर रही हैं। मैं उनका समर्थन करती हूँ। पहले अग्नि ने पवित्र चरित्र का निर्णय दिया था। ब्रह्मा के साथ सारे देवता भी जिनकी स्तुति करते हैं, उन्हें श्रीराम को स्वीकार करना चाहिए। इस विषय में आप लोग क्या सोच रहे हैं?

लक्ष्मण : भैया! देवी अरुन्धती के आक्रोश भरे शब्द सुनकर सारी भीड़ उमड़ चली है - भाभी को प्रणाम करने के लिए। आकाश से लोकपाल और सप्तर्षि पुष्पवर्षा कर रहे हैं।

अरुन्धती : हे विश्वप्रशासक!
यज्ञभूमि से अब तुम राघव!
कृत्रिम स्वर्णिम मूर्त्ति हटाओ
अपनी प्रिया धर्मपत्नी को
सादर वामभाग में लाओ[1] ।।20 ।।

---

1. नियोजय यथाधर्मं प्रियां त्वं धर्मचारिणीम् हिरण्मय्याः प्रतिकृतेः पुण्यां प्रकृतिमध्वरे। उ.च. 7.20

सीता : *(स्वगत)* क्या आर्यपुत्र सीता का दुःख दूर करना भी जानते हैं?

राम : जो भगवती की आज्ञा।

लक्ष्मण : मैं तो कृतार्थ हो गया।

सीता : मैं फिर से जी उठी।

लक्ष्मण : भाभी जी! यह लक्ष्मण प्रणाम करता है।

सीता : वत्स! तुम ऐसे ही बहुत दिन जियो।

अरुन्धती : भगवान् वाल्मीकि! अब आप सीता के गर्भ से उत्पन्न रामभद्र के दोनों बेटे कुश और लव को उपस्थित कीजिए।

(दूर जाती पदचाप ध्वनि)

राम और लक्ष्मण : सौभाग्य से हमारा अनुमान सही निकला।

सीता : वे दोनों बेटे कहाँ हैं?

(निकट आती पदचाप-ध्वनियाँ)

वाल्मीकि : पुत्रो! ये रघुपति श्री राम तुम दोनों के पिता हैं। ये लक्ष्मण छोटे ताऊ हैं। ये सीता तुम्हारी माँ हैं और ये राजर्षि जनक तुम्हारे नाना लगते हैं।

सीता : *(हर्ष, करुणा और आश्चर्य से)* क्या पिताजी! और ये दोनों चिरञ्जीव!

कुश और लव : हा तात! हाय माँ! नाना जी!

राम और लक्ष्मण : *(हर्षपूर्वक आलिंगन कर)* मेरे पुत्रो! तुम मिल गए हो।

सीता : आओ पुत्र कुश! आओ बेटा लव! दूसरे लोक से लौटी हुई अपनी माँ से देर तक लिपटे रहो।

कुश और लव : हम धन्य हो गए।

सीता : भगवन्! मैं आपके चरण छूती हूँ।

वाल्मीकि : बेटी!... इसी तरह चिरकाल तक प्रमुदित रहो। यह तुम्हारा आख्यान युग-युग तक आनन्द बरसाता रहे :

(समवेत स्वरों में)

पाप और अपराध दूर कर पुण्य बढ़ाती रामकथा
सबकी जननी मंगलमय जाह्नवी नदी-सी रामकथा
प्रतिभाशाली पढ़ें और मञ्चों पर खेलें रामकथा
यह कवीन्द्र भवभूति रचित उत्तरचरितम् की रामकथा[1] ।। 21 ।।

(दूर जाती पदचाप-ध्वनियाँ)

---

1. पाप्मभ्यश्च पुनाति वर्धयति च श्रेयांसि सेयं कथा
माङ्गल्या च मनोहरा च जगतो मातेव गङ्गेव च
तामेतां परिभावयन्त्वभिनयैर्विन्यस्तरूपां बुधाः
शब्दब्रह्मविदः कवेः परिणतां प्राज्ञस्य वाणीमिमाम् । उ.च. 7.21

महावीर-चरित

महाकवि भवभूति की अभिनव नाट्य-कल्पनाओं का चरमोत्कर्ष, सात अंकों का द्वितीय नाटक है - महावीर-चरित। इसमें राम-विवाह के पूर्व से उनके राज्याभिषेक तक लगभग पंद्रह वर्ष की प्रमुख घटनाएँ बड़ी कुशलता से सँजोई गई हैं। वाल्मीकि रामायण तथा अनेक पुराणों में वर्णित और लोक-प्रसिद्ध रामकथा के मौलिक स्वरूप में औपन्यासिक परिवर्तन कर भारतीय मंच का अनुमोदन पा लेना महाकवि की असामान्य उपलब्धि कही जा सकती है।

इस नाटक में धनुष-यज्ञ विश्वामित्र के आश्रम में होता है। रावण अपने पुरोहित को भेजकर सीता की याचना करता है। उसका मंत्री माल्यवान् शिवधनुष तोड़नेवाले राम के विरुद्ध परशुराम को उकसाता है। वही मन्थरा के वेश में शूर्पणखा को मिथिला भेज कर नकली पत्र के माध्यम से राम आदि को वन में निर्वासित कराता है। महावीर चरित में बालि भी रावण का सहायक चित्रित किया गया है। यहाँ कवन्ध राक्षस शबरतापसी श्रमणा का अपहरण करता है। विभीषण सुग्रीव के साथ ही ऋष्यमूक पर्वत पर राम से मिलता है। बालि और राम का प्रत्यक्ष युद्ध होता है। विमानों पर उड़ते हुए इन्द्र और चित्ररथ गन्धर्व राम-रावण युद्ध का वर्णन करते हैं। रावणवध के अनन्तर लंका को सान्त्वना देने अलका नगरी आते हैं। वापसी में पुष्पक से उड़ते हुए राम आदि उल्लासपूर्वक सूर्यलोक और ऊँचे तारामण्डलों के बीच भी हो आते हैं। अभिषेक के अनन्तर पुष्पक विमान इस शर्त पर कुबेर को लौटाया जाता है कि जब भी आवश्यकता पड़े, वह राम की सेवा में पुनः उपस्थित हो जाए।

महावीर चरित मुख्यतया वीररस का नाटक है। ताटका वध, परशुराम-संवाद, बालि-युद्ध तथा राम-रावण युद्ध आदि दृश्यों में ओजपूर्ण कथोपकथन और वीररस का प्रभावोत्पादक स्वरूप सामने आता है। लंका के समर-प्रसंग में अद्‌भुत एवं बीभत्स रस भी दृष्टिगोचर होते हैं। द्वितीय अंक के राम-विवाह संदर्भ में श्रृंगार और सीता-हरण के अनन्तर राम-विलाप में करुण-विप्रलम्भ रस पल्लवित हुए हैं। बालि-वध होने पर वानरों के विलाप तथा रावण-वध के अनन्तर लंका की शोकाकुल अभिव्यक्तियों में शुद्ध करुण रस भी सामने आता है, यथा -

हाय इन्द्रसुत बाहुबली
तुम थे मन्दर से महाबली
शत्रु न कोई छोड़ा था
उद्धत दुन्दुभि को तोड़ा था
ऐ कपिवर, तुम कहाँ गए
अब भाग्य हमारे फूट गए[1]।

अनेक सन्दर्भों में वीर और शृंगार जैसे परस्पर विरोधी रसों को भी बड़ी कुशलता से एकसाथ उपन्यस्त किया गया है, उदाहरणार्थ :

गर्वीले वीर और सन्त का आगमन
उधर सत्संग और द्वन्द्व हेतु खींचता
प्रिया का स्पर्श इधर
हरिचन्दन द्रव एवं चाँदनी सा शीतल
मुझे आनन्द और बेसुधी में भींचता[2]।

---

1. हा वीर हा मघवनन्दन मन्दराद्रिनिष्कम्पसार जगदप्रतिमल्लवीर!
उद्दर्पदुन्दुभिनिशुम्भपटुप्रचण्ड-दोर्दण्डमण्डल गतोऽसि हहा हताः स्मः।
महा. चरित 5.61
2. उत्सिक्तस्य तपःपराक्रमनिधेरस्यागमादेकतः सत्सङ्गप्रियता च वीररभसोन्मादश्च मां कर्षतः
वैदेहीपरिरम्भ एष च मुहुश्चैतन्यमामीलयन् आनन्दी हरिचन्दनेन्दुशिशिरस्निग्धो रुणद्ध्यन्यतः।
वही 2.22

विख्यात समीक्षक एच.एच. विल्सन का कथन है कि महावीर-चरित में भी वही रस की उदात्तता, विशद वर्णन का वैसा ही उत्कर्ष और भापा की वैसी ही शक्ति उपलब्ध होती है जैसी कि उत्तर-रामचरित और मालती-माधव में। महावीर-चरित का प्रधान रस वीर है इसीलिए नाटक की घटनाएँ एवं भावनाएँ उत्तेजक और शौर्यपूर्ण हैं तथा इसकी भापा भी वड़े स्वाभाविक ढंग से वक्ताओं के अनुरूप ढाल दी गई है।[1] एस.के. डे महावीर-चरित को कथानक-संयोजन की दृष्टि से मालती-माधव की अपेक्षा श्रेष्ठतर मानते हैं।[2] डॉ. गोखले ने नाटककार के कौशल की सराहना की है क्योंकि उन्होंने विभिन्न घटनाओं को सुसम्वद्ध कथा का रूप देकर कथावस्तु में एकता उत्पन्न कर दी है।[3] हिन्दी रूपान्तर के साथ नाटक के प्रतिनिधि सन्दर्भ आगामी पृष्ठों में उदाहृत किए जा रहे हैं।

1. H.H. Wilson–The Theatre of the Hindoos, Ch. VIII
2. S.K. De.–A History of Sanskrit Literature, Vol I, P. 285
3. Dr. B.G. Gokhale–Ancient India History and culture, P. 180

महावीर-चरित

[नान्दी संगीत]

वर्ग-भेद से अविभाजित
जो पाप भगाते
नित्य और चैतन्य
देव ज्योतिर्मय
सबके उर अन्तर में
रमे हुए हैं
उन्हें नमन है[1] ।। 1 ।।
(मंगल वाद्य)

सूत्रधार : भगवान् शिव के यात्रा-मेले में भाई लोग संकेत कर रहे हैं :
महापुरुष की ऐसी लीला
जो मर्यादा मूल्य न छोड़े
पर भय की बौछार लगा दे
भाषा भी कुछ उसी तरह हो
कोमल-कोमल
ओज और व्यंजना भरी[2] ।। 2 ।।
असामान्य पात्रों से छलके
श्रेष्ठ वीर रस
अलग अलग आकृतियों में

---

1. अथ स्वस्थाय देवाय नित्याय हतपाप्मने, त्यक्तक्रमविभागाय चैतन्यज्योतिषे नमः। महावीर चरित 1.1
2. महापुरुषसंरम्भो यत्र गम्भीरभीषणः, प्रसन्नकर्कशा यत्र विपुलार्था च भारती। वही 1.2

फिर सूक्ष्म भेद से लगे झलकने
नई नई भंगिमा[1] ।।3 ।।

ऐसा नाटक मंच पर दिखाना है। (हर्ष का अभिनय कर) अरे, हम तो मतलब समझ गए - महावीर चरित मंचित करना है।

सरस्वती को वशीभूत कर
यह कवि बोले
रामायण की कथा
आज मिले हैं ऐसे सहृदय
जो कविता का पहचानें रस-तत्त्व[2] ।।4 ।।

मैं बतला दूँ - दक्षिण भारत के पद्मपुर नगर में बड़े व्रह्मज्ञानी ब्राह्मण रहते हैं। वे श्रेष्ठ काश्यपगोत्रीय ब्राह्मण पञ्चाग्नि-सेवन, व्रतों में सोमपान और यजुर्वेद की तैत्तिरीय शाखा के अध्ययन में इतने संलग्न रहते हैं कि लोग उन्हें उदुम्बर और पंक्तिपावन कहते हैं। उसी कुल में वाजपेय यज्ञ करनेवाले महाकवि की पाँचवीं पीढ़ी में भट्टगोपालजी के पौत्र और उज्ज्वल कीर्ति वाले नीलकण्ठ के पुत्र श्रीकण्ठ हुए हैं। इनकी माँ का नाम जतुकर्णी है। व्याकरण, मीमांसा और न्यायशास्त्र में पारंगत होने के कारण अव इन्हें कवि भवभूति कहा जाने लगा है। मेरे तो ये अच्छे मित्र भी हैं। आप लोगों को एक और जानकारी दे दूँ :

परमहंस महर्षियों में अङ्गिरा की तरह जाने माने परमज्ञानी ज्ञाननिधि जी इनके गुरु हैं।।5 ।।

भवभूति को बहुत पसंद हैं
वीर और अद्भुत रस
इससे उन्होंने लिखा श्रीराम का आख्यान
जिससे झुक गया पापी का मान
इसमें है भरा वीर रस और अद्भुत साहस
इससे तीनों लोक

---

1. अप्राकृतेषु पात्रेषु यत्र वीरः स्थितो रसः, भेदैः सूक्ष्मैरभिव्यक्तैः प्रत्याधारं विभज्यते। महा. 1.3
2. वश्यवाचः कवेर्वाक्यं सा च रामाश्रया कथा, लब्धश्च वाक्यनिष्यन्दनिष्पेपनिकषो जनः। वही 1.4

बन गए थे अशोक[1] ।। 6 ।।

तो आप इस संभावना को सार्थक करें। उन्हीं श्रोत्रिय पुत्र का निवेदन है :

आदि कवि वाल्मीकि मुनि ने
गा सुनाई दिव्य रामायण
भक्त मन मेरा उसे फिर गा रहा है
आप इसका करें अनुमोदन ।। 7 ।।

नट : *(प्रवेश कर)* सभी दर्शक अनुमति दे रहे हैं, किन्तु इसका कथानक नया है अतः प्रारंभिक सन्दर्भ तत्काल सुन लेना चाहते हैं।

सूत्रधार : तो, महर्षि विश्वामित्र यज्ञ-दीक्षा से पहले वसिष्ठ के शिष्य महाराज दशरथ से मिलकर अपने तपोवन आ गए हैं।

वे लाए हैं साथ
धनुर्धर राम और लक्ष्मण को
उन्हें बनाना है
राघव को रावण-नाशक
दिव्य अस्त्र-संपन्न
और कल्याणी सीता का सुहाग भी[2] ।। 8 ।।
यज्ञ में निमंत्रित जनक
स्वयं तो आए नहीं
भाई कुशध्वज के साथ
वहीं भेज दिया है
सीता तथा उर्मिला को ।। 9 ।।

(सूत्रधार और नट चले जाते हैं। प्रस्तावना समाप्त)

---

1. तेनेदमुद्धृतजगत्त्रयमन्युमूलमस्तोकवीरगुरुसाहसमद्भुतं च
वीराद्भुतप्रियतया रघुनन्दनस्य धर्मद्रुहो दमयितुश्चरितं निबद्धम्। महा. चरित 1.6

2. विजयिसहजमस्त्रैर्वीर्यमुच्छ्रापयिष्यन्
जगदुपकृतिबीजं मैथिलीं प्रापयिष्यन्
दशमुखकुलघातश्लाघ्यकल्याण-पात्रं
धनुरनुजसहायं रामदेवं निनाय। वही 1.8

कथा-सूत्र

सिद्धाश्रम में विश्वामित्र, राम और लक्ष्मण तथा कुशध्वज, सीता और उर्मिला की भेंट होती है। वहाँ राम की उपस्थिति से ही शापमुक्त होकर अहल्या उनका जयघोष करती है। इसी बीच सर्वमाय नामक राक्षस-पुरोहित मिथिला से लौटकर रावण के लिए सीता की याचना करता है। यज्ञ के आमंत्रण पर चारों ओर से सन्त-महात्मा एकत्र हो रहे थे, तभी आकाश मार्ग से वहीं उतरती भयानक राक्षसी ताडका प्रकट हुई।

लक्ष्मण : भगवन्! यह कौन है?
आँत में पिरोई खोपड़ी की माला
हाड़ के कंगन से खड़खड़ाती
सारा गगन गुँजाती
पीकर उगले खूनी कीचड़ से
पपड़ियाए झूलते स्तनों से
भय उपजाती दौड़ती आती
दर्प से चूर[1] ।। 35 ।।

विश्वामित्र : यही तो है
सुकेतु राक्षस की छोरी
सुन्दासुर की घरवाली
मारीच की माई
राक्षसी डरावनी
ताटका[2] ।। 36 ।।

दोनों कन्याएँ : बाप रे! मुई कच्चा खा जाए।

राजा : आयुष्मती कन्याओ! मत डरो!

---

1. अन्त्रप्रोतवृहत्कपालनलकक्रूरक्वणत्कङ्कणप्रायप्रेङ्खितभूरिभूपणरवैराघोपयन्त्यम्वरम्
पीतोच्छर्दितरक्तकर्दमघनप्राग्भारघोरोल्ललद्-व्यालोलस्तनभारभैरववपुर्दपोद्धतं धावति। महा. 1.35
2. सेयं सुकेतोर्दुहिता भार्या सुन्दासुरस्य च,
मारीचजननी घोरा ताटका नाम राक्षसी। वही 1.36

विश्वामित्र : *(राम की ठोड़ी छूकर)* चिरञ्जीव! इसे मार दो।

सीता : हाय! इन्हीं को ऐसा काम दिया!

राम : भगवन्! यह तो स्त्री है।

ऊर्मिला : बहना! आपने सुना?

सीता : *(स्नेह और आश्चर्य से)* इनकी मनोवृत्ति कुछ अलग है।

राजा : शावाश, सच्चे इक्ष्वाकुवंशी हो राम!

राक्षस : *(मन में)* यही है वह दशरथ का राजकुमार राम, जो कि -

आसमान से झपट रही
ताडका आपदा को निहारकर
तनिक न चौंका
उसे मारने में
अब नारी वध के कारण
हिचक रहा है[1] ।। 37 ।।

विश्वामित्र : शीघ्रता करो वत्स! देखते नहीं, व्राह्मणों की सामूहिक मृत्यु आ गई है।

राम : अब तो आप जानें।

दोषों से अनछुई
आपकी स्वीकृति
वेदऋचा जैसी है
पाप-पुण्य की
खरी कसौटी[2] ।। 38 ।।

(यह कहकर निकल जाते हैं।)

सीता : उफ़! चले ही गए। हाय री! वह राक्षसी चक्रवाती आँधी जैसी इन्हीं पर टूट रही है।

---

1. उत्तालताटकोत्पातदर्शनेऽप्यप्रकम्पितः, नियुक्तस्तत्प्रमाथाय स्त्रैणेन विचिकित्सति। महा. चरित 1.37
2. वही 1.38

राजा : *(धनुष टंकार कर)* ओय पापिन! रुक जा।

उर्मिला : अरे! स्वयं ताऊजी चल पड़े।

लक्ष्मण : *(हँसकर)* आप लोग ताटका को *(आखिरी बार)* देख लें-

हृदय के मर्म चीरते
विकट बाण ने
उसके कई अंग भी
तड़-तड़ काट डाले
दोनों नथुनों की
कन्दरा से
एक साथ बह चला है
बुलबुलाता रक्त
वह तो मरी[1] ।। 39 ।।

दोनों कन्याएँ : आश्चर्य है, आश्चर्य। हमारे मन का हुआ।

राजा : अहो, राजकुमार की बड़ी अचूक मार है।

राक्षस : ओ ताटका बहन! यह क्या हुआ? तुमड़ी अब डूबेगी पानी में और पत्थर तैरेंगे।

अरे! आज राक्षसपति का प्रताप लड़खड़ा गया, एक इंसान छोकरे से आश्चर्यजनक हार हुई। मैं अपने व्यक्ति की मौत खड़े-खड़े देखता रहा। दूत की लाचारी और बुढ़ापे की बंदिश जो आड़े आ गई। क्या करूँ[2]? ।।40 ।।

विश्वामित्र : *(मन में)* राक्षस-विनाशरूपी वेद पारायण का यह ओंकार हुआ।

---

1. हृन्मर्मभेदिपतदुत्कटकङ्कपत्रसंवेगतत्क्षणकृतस्फुटदङ्गभङ्गा
नासाकुटीरकुहरद्वयतुल्यनिर्यद् उद्बुद्वुदध्वनदसृक्प्रसरा मृतैव। महा. चरित 1.39
2. वही 1.40

कथा-सूत्र

इस विजय के अवसर पर विश्वामित्र राम तथा लक्ष्मण को अनेक दिव्यास्त्र प्रदान करते हैं। उनके संकेत पर कुशध्वज शिव-धनुप का ध्यान और आह्वान करते हैं। देखते ही देखते शिव-धनुष यज्ञशाला में प्रकट होता है। राम उसे चढ़ाकर तोड़ डालते हैं। वहीं सीता तथा उनकी तीन बहनों का विवाह राम तथा उनके तीन भाइयों से निश्चित हो जाता है। इस सन्दर्भ में बारात लेकर आने के लिए राजा दशरथ के पास सन्देश भी भेज दिया जाता है। ये एकतरफ़ा उपक्रम राक्षस पुरोहित को भाते नहीं। वह घोषणा करता है कि रावण की याचना के अपमान का बदला सीता-हरण से लिया जाएगा। इसी बीच सुन्द तथा उपसुन्द के बेटे सुबाहु और मारीच सेना के साथ राम पर आक्रमण करते हैं।

द्वितीय अंक के प्रारंभ में लंका के गर्माए हुए कूटनीतिक परिदृश्य का पता चलता है। रावण का मंत्री माल्यवान् सिद्धाश्रम में सुबाहु- वध, मारीच का दूर फेंका जाना और लक्ष्मण द्वारा राक्षस-सेना का विनाश आदि सुनकर बहुत चिन्तित होता है। उसे शूर्पणखा यह भी सूचना देती है कि राम को अगस्त्य मुनि ने माहेन्द्र धनुप भेंट किया है। इसी बीच एक गुप्तचर दूत आकर परशुराम का पत्र देता है कि वे दण्डकारण्य के तपोवन में फैल रही राक्षसी गतिविधियों से नाराज हैं। इस पत्र की प्रतिक्रिया में उसे एक अन्य दुरभिसंधि सूझती है। वह शिव धनुष तोड़ने वाले राम के विरुद्ध उन्हें उकसाने के लिए शूर्पणखा के साथ महेन्द्रद्वीप की ओर जाता है।

दूसरे और तीसरे अंकों में विवाह के समय जनकपुर आकर परशुराम बड़ी उछल-कूद करते हैं। उदाहरणार्थ एक संवेदनापूर्ण दृश्य है :

राम : प्रिये! तुम तो चिन्ता न करो और भीतर ही रहो।

महुए के फूल से
गोरे गदराए अंग
कैसे सह पाएँगे
भय श्रम और लाज की
मिली-जुली कँपकँपी
कसे उभरे अंकुराए उरोज

तेज साँस से लचा रहे कमर
वह तीन परतों में
पहले से मुड़ी
टूट न जाए[1] ।। 21 ।।

(नेपथ्य से ध्वनि गूँजती है।)

अरे, ओ कर्मचारियो! कहाँ है दशरथ-पुत्र राम?

सीता : वही बोल रहे हैं।

राम : उन्हीं बेझिझक प्रचण्ड साहस करनेवालों की ललकार प्रलयकालीन मेघ-गर्जन सी कानों में समा रही है। *(चल पड़ते हैं)*

सीता : क्या करूँ? *(धनुष पकड़ती हुई)* आर्यपुत्र! आप तव तक न जाइए, जब तक पिताजी नहीं आ जाते।

सखियाँ : प्रिय सखी की लाज अव दूसरी मनोदशा में बदल रही है।

राम : प्रेम पर किसका जोर चलता है! तो, धनुप छोड़कर जा रहा हूँ।

नेपथ्य से : अरे, ओ कर्मचारियो.. *(वही ध्वनि गूँजती है।)*

सीता : अब तो जोर से पकड़ूँगी।

राम : उफ़!

गर्वीले वीर और सन्त का आगमन
उधर सत्संग और द्वन्द्व हेतु खींचता
प्रिया का स्पर्श इधर
हरिचन्दन द्रव एवं चाँदनी-सा शीतल
मुझे आनन्द और वेसुधी में भींचता[2] ।। 22 ।।

---

1. आतङ्कश्रमसाध्वसव्यतिकरोत्कम्पः कथं सह्यताम्
अङ्गैर्मुग्धमधूकपुष्परुचिभिर्लावण्यसारैरयम्
उन्नद्धस्तनयुग्मकुड्मलगुरुश्वासावभुग्नस्य ते
मध्यस्य त्रिवलीतरङ्गकजुपो भङ्गः प्रिये मा च भूत्। महा. चरित 2.2।

2. उत्सिक्तस्य तपःपराक्रमनिधेरस्यागमादेकतः
सत्संगप्रियता च वीररभसोन्मादश्च मां कर्पतः
वैदेहीपरिरम्भ एप च मुहुश्चैतन्यमामीलयन्
आनन्दी हरिचन्दनेन्दुशिशिरस्निग्धो रुणद्ध्यन्यतः। वही 2.22

कथा-सूत्र

इस सन्दर्भ में वीर रस की तीव्र अभिव्यक्ति वाले संवाद देर तक चलते हैं। राम को वैवाहिक कृत्य संपन्न करने के लिए बीच में अवसर भी दिया जाता है, पर संघर्ष टलता नहीं। राम और परशुराम की प्रतिद्वंद्विता नेपथ्य में निबटती है, जिसमें राम के विजयी होने की सूचना दी जाती है।

चतुर्थ अंक के प्रारम्भिक दृश्य में माल्यवान् और शूर्पणखा विमान पर उड़ते हुए गंभीर कूटनीतिक मन्त्रणा करते हैं। उन्हें गुप्तचरों से जानकारी मिली है कि इस समय दशरथ से दो वरदान पाई हुई रानी कैकेयी की दासी मन्थरा कोई सन्देश लेकर मिथिलापुरी पहुंच रही है। माल्यवान् शूर्पणखा को निर्देश देता है कि तुम दासी के शरीर में प्रवेश कर जाओ और वहीं चौदह वर्ष तक भरत के लिए राज्य की घोषणा तथा राम, सीता और लक्ष्मण के लिए वनवास करा दो। कैकेयी का एक पत्र देकर वह ऐसा ही घटना-क्रम संपन्न करा देती है। भरत आग्रहपूर्वक राम से प्राप्त स्वर्ण पादुकाएँ नन्दिग्राम में अभिषिक्त कर राज्य संचालन करते हैं तथा राम आदि चित्रकूट होते हुए दण्डकारण्य की ओर निकल पड़ते हैं।

पंचम अंक में जटायु और संपाति दो पराक्रमी गीधों की वातचीत से आगे की घटनाओं का पता चलता है कि दशरथ अब नहीं रहे। चित्रकूट से शरभंग के आश्रम जाते हुए राम ने विराध राक्षस का वध किया। वहाँ से आगे वढ़कर वे गोदावरी के किनारे पंचवटी में रहने लगे तो कामुकी शूर्पणखा से उनकी भेंट हो गई। लक्ष्मण ने उसके नाक, कान और होंठ काट दिए तो खर, दूषण एवं त्रिशिरा ने भारी राक्षस सेना के साथ उन पर चढ़ाई कर दी। अकेले राम ने इन सवको मौत के घाट उतार दिया। इस बातचीत के वाद लौटते समय रावण द्वारा सीताहरण का दृश्य देखकर आक्रामक विरोध करता हुआ जटायु घायल कर दिया जाता है। सीता को खोजते वियोग-व्याकुल राम उससे रावण द्वारा अपहरण का संकेत पा जाते हैं। वे आगे कवन्ध दानव की घाटी में पहुंचते हैं तो एक नारी की चीख उन्हें सुनाई पड़ती है :

नेपथ्य में : अरे, है कोई यहाँ? बचा लो इस पापी राक्षस कवन्ध द्वारा जंगल में घसीटी जा रही एक अबला को।

मतङ्ग आश्रम में रहती

खोजती राम को
मैं हूँ श्रमणा
सिद्ध शबर तापसी[1] ।। 27 ।।

राम : भाई लक्ष्मण! जाओ तो।

लक्ष्मण : अभी पहुँचा। *(यह कहकर निकल जाते हैं।)*

राम : प्रिये, हा! कहाँ हो तुम
टेर दो शहदीली वाणी
हम इतने पस्त कि रो नहीं पाते
सराहते सभी रावण को
मुझे देते गालियाँ
उसने बढ़ाकर वैर
ले लिया बदला[2] ।। 28 ।।

(लक्ष्मण और श्रमणा का प्रवेश)

लक्ष्मण : भैया! वह राक्षस आपके देखने लायक था। लंबी भुजाओं से खींचकर आरे जैसे विकराल दाँतों से वह जंतुओं को इस तरह चीरता रहा होगा कि उनके बिखरते खून से उस दढ़ियल का मुख लाल-लाल हो गया था। उसके शरीर का हर अंग बड़ा ही आड़ा-टेढ़ा और विचित्र था[3] ।। 29 ।।

देवी श्रमणा! ये भैया हैं।

श्रमणा : जय हो, देव की जय हो!

राम : तो, हमें किसलिए खोज रही थीं?

श्रमणा : आपने रावण के छोटे भाई विभीषण का नाम सुना होगा?

राम : वह तो हर कोई सुन चुका है।

श्रमणा : जब से आपने खर, दूषण और त्रिशिरा का वध किया है, तभी से भाइयों से कुछ अनबन कर वे सुग्रीव के साथ ऋष्यमूक पर रह रहे हैं। उनका यह

---

1. अहं हि श्रमणा नाम सिद्धा शबरतापसी, मतङ्गाश्रमवास्तव्या रामान्वेषिण्युपागता। महा. चरित 5.27
2. वही 5.28
3. वही 5.29

आत्मसमर्पण सम्बन्धी पत्र है। *(पत्र सौंपती है।)*

लक्ष्मण : *(पत्र लेकर पढ़ते हैं)* जय हो। श्रीराम से प्रणामपूर्वक विभीषण का निवेदन है :

भाग्य का अवलम्ब छूटे
तो बचाए कौन?
धर्म का आचरण
या फिर
धर्मरक्षक आप[1] ।। 30 ।।

राम : भाई! बोलो, ऐसा निवेदन करते प्रिय लंकेश्वर मित्र महाराज विभीषण को क्या संदेश भेज दें?

लक्ष्मण : जब भैया उन्हें लंकेश्वर और प्रिय मित्र कह दिए हैं, तब संदेश का कोई कथ्य बाकी कहाँ बचा?

राम : लक्ष्मण जैसा कहें।

श्रमणा : मैं अनुगृहीत हुई।

कथा-सूत्र

इसके अनन्तर सुग्रीव-मैत्री तथा बालिवध के सन्दर्भ आते हैं। छठें अंक में माल्यवान् की चिन्ता, राम के द्वारा लंका पर चढ़ाई तथा निर्णायक युद्ध का कथावृत्त है। सप्तम अंक के प्रारंभ में शोकमग्न लंका और देवनगरी अलका के संवाद से पता चलता है कि विभीषण के राज्याभिषेक और देवी सीता की अग्निशुद्धि के अनन्तर पुष्पक विमान श्रीराम को भेंट किया गया। सीता, लक्ष्मण, सुग्रीव और विभीषण के साथ उनकी वापसी आकाश-यात्रा प्रारंभ होती है। वे समुद्र, भारत के विभिन्न भूभाग तथा दूर से हिमालय, सुमेरु आदि पर्वत देखते हुए अयोध्या पहुँचते हैं। सबसे स्नेहपूर्वक मिलने के बाद महर्षि वसिष्ठ और विश्वामित्र की उपस्थिति में श्रीराम का राज्याभिषेक संपन्न होता है।

---

1. विशिष्टभागधेयानां द्वयी नः परमा गतिः, धर्मः प्रकृप्यमाणो वा गोप्ता धर्मस्य वा भवान्। महा. चरित 5.30

भवभूति का वैदिक प्रस्थान

भारतीय लोक-स्वर और साहित्य-रेखाएँ आज भी सनातन मान्यताओं को स्वीकार करने के कारण वेदों की प्रतिच्छाया से दूर नहीं हैं। किन्तु वैदिक परम्परा के स्पष्ट रूपांकन इधर विरल होते जा रहे हैं। लौकिक संस्कृत के जिन साहित्यकारों ने उस परम्परा की पहचान अक्षुण्ण रखी है, उनमें भवभूति का नाम अन्यतम है। उन्होंने स्वरचित तीन रूपकों की प्रस्तावना में अपने को खुलकर श्रोत्रिय, पङ्क्तिपावन ब्राह्मण, धर्म का ज्ञाता, काश्यपगोत्रीय ऋत्विज और तैत्तिरीय ब्रह्मवादी याज्ञिक कहा है।[1] उन दिनों वेदों का अध्ययन करने वाले श्रोत्रिय और उनमें भी सर्वदा सदाचारपूर्वक रहने वाले ब्राह्मण पङ्क्तिपावन कहलाते थे। व्याकरण के अनुसार [छन्दस् + घ] :

छन्दोऽधीते इति श्रोत्रियः, छन्दः शब्दस्य श्रोत्रादेशः।[2]

दानकमलाकर के अनुसार-

एकां शाखां सकल्पां वा षड्भिरङ्गैरधीत्य च
षट्कर्मनिरतो विप्रः श्रोत्रियो नाम धर्मवित्।

और पद्मपुराण की दृष्टि में-

विद्यावेदव्रतस्नाता ब्राह्मणाः सर्व एव हि
सदाचारपराश्चैव विज्ञेयाः पङ्क्तिपावनाः।[3]

इस अध्ययनशील संस्कार का प्रभाव महाकवि के रूपकों की पदावली में बहुधा दृष्टिगोचर होता है। वेदों में वचन के अर्थ में वाकः का प्रयोग होता है।[4]

तदनुसार उत्तररामचरित में उनका नान्दी पद्य है :

इदं कविभ्यः पूर्वेभ्यो नमोवाकं[5] प्रशास्महे

---

1. ते श्रोत्रियाः, ब्राह्मणाः.... पङ्क्तिपावनाः, मालतीमाधव (चौखंबा 71), पृ. 10-11
   - काश्यपः, यं ब्रह्माणम्. उत्तररामचरित (साहित्य भण्डार, मेरठ 92), पृ. 13.16
   - तैत्तिरीयाः... सोमपीथिन.. ब्रह्मवादिनो वसन्ति। महावीरचरित (चौखंबा), पृ. 5
2. श्रोत्रियंश्छन्दोऽधीते। अष्टाध्यायी 5.2.84
3. पद्मपुराण, स्वर्गखण्ड. 35
4. पञ्च च या पञ्चाशच्च संयन्ति मन्या अभि, इतस्ताः सर्वा नश्यन्तु वाका अपचितामिव। अथर्व. 6.25.2
5. वाकः के पुल्लिंग होने से व्याख्याकार 'इदम्' की युक्तियुक्तता 'सामान्ये नपुंसकम्' वार्तिक से निर्धारित करते हैं।

विन्देम देवतां वाचममृतामात्मनः कलाम् ।1.1

वाकम् को णमुल् प्रत्ययान्त मानने पर भी छान्दस कोटि में रखना होगा।

लौकिक संस्कृत में यह प्रयोग अप्रचलित है। महावीर चरित के नान्दी-पद्य[1] में परब्रह्म या राम को 'स्वस्थाय देवाय' कहना लौकिक संस्कृत की परिधि से हटकर 'स्वे महिम्नि प्रतिष्ठितः' वेदवाक्य का संदर्भ सामने लाता है। अथर्ववेद में देवयान मार्गों का वर्णन मिलता है-

ये पन्थानो बहवो देवयाना अन्तरा द्यावापृथिवी सञ्चरन्ति
तेषामज्यानिं यतमो वहाति तस्मै मा देवाः परि धत्तेह सर्वे। 6.55

उत्तररामचरित में शम्बूक को राम वे ही मार्ग निर्देशित करते हैं :

भद्र! शिवास्ते पन्थानो देवयानाः प्रलीयस्व पुण्येम्यो लोकेभ्यः ।[2]

भवभूति के अनेक शब्द-प्रयोग वैदिक परम्परा के समानान्तर वर्गीकृत किए जा सकते हैं, उदाहरणार्थ घर के लिए संस्त्याय, आरती के लिए आवरण, जाने के अर्थ में सम्पात और प्रगति के अर्थ में ताति आदि ।[3]

रचना-विधान के साथ उनके रूपकों की अन्तश्चेतना भी वैदिक आलोक से भास्वर है। यहाँ भारतीय तपोवन और महर्षियों की सांस्कृतिक गरिमा विशेष रूप से रेखांकित की गई है। महावीर चरित में सारा कथानक-सूत्र विश्वामित्र, शबरतापसी श्रमणा और अगस्त्य द्वारा सञ्चालित किया जाता है। मालती-माधव के घटनाचक्र पद्मावती स्थित विद्यापीठ द्वारा नियोजित किए जाते हैं और उत्तर-रामचरित को करुणा का अमृतमय पुटपाक भूतार्थवादी भगवान् वाल्मीकि द्वारा बना दिया जाता है। वेदों का बहुदेवतावाद यहाँ प्रत्यक्ष दृष्टिगोचर होता है। भवभूति ने राम, शिव, गणेश, सूर्य, भगवती चामुण्डा और अग्नि आदि के दिव्य स्वरूप यथास्थल अंकित किए हैं। अनेक

---

1. अथ स्वस्थाय देवाय नित्याय हतपाप्मने त्यक्तक्रमविभागाय चैतन्यज्योतिषे नमः। महावीर. 1.1
2. उत्तर पृ. 165. अन्यत्र साम्य द्रष्टव्य है- भद्रैषां लक्ष्मीर्निहिताधिवाचि. ऋक् 10.71.2 भद्रा ह्येषां वाचि लक्ष्मीर्निषिक्ता, उत्तर 4.18; यत्रानन्दाश्च मोदाश्च मुदः प्रमुद आसते. ऋक् 9.113.11 यत्रानन्दाश्च मोदाश्च यत्र पुण्याश्च सम्पदः. उत्तर 2.12, असुर्यानाम ते लोका अन्धेन तमसा वृताः, ताँस्ते प्रेत्याभिगच्छन्ति ये के चात्महनो जनाः यजु. 40.3 अन्धतामिस्रा ह्यसूर्या नाम ते लोकाः प्रेत्य तेभ्यः प्रतिविधीयन्ते य आत्मघातिनः उत्तर पृ. 293
3. क्रमशः मालती. पृ. 78, उत्तर पृ. 174, वही 1.24 तथा पृ. 85 और मालती 6.7; 9.49 महावीर पृ. 22

प्राकृतिक उपादानों का देवीकरण यहाँ सहज ही द्रष्टव्य है, यथा :

- विश्वम्भरा भगवती भवतीमसूत (पृथ्वी)।
- प्रसन्नपुण्यसलिला भगवती भागीरथी (नदी)।
- वनदेवता... दूरान्मामुपतिष्ठते (वन)।
- भगवति पञ्चवटि! (वृक्ष)।
- उज्ज्वलज्वालासंसारभैरवो भगवानुषर्बुधः (अग्नि)[1]।

ऐसा लगता है कि श्रोत्रिय परम्परा का पल्लवन करते हुए भी प्राचीन काल में 'अन्त्यज'[2] माने जानेवाले अभिनेता नटों के बीच रहने के कारण भवभूति को कुछ दिनों तक सामाजिक अवज्ञा सहनी पड़ी होगी। उनकी प्रथम कृति[3] मालती माधव की प्रस्तावना में यह सन्दर्भ आता है :

पदवाक्यप्रमाणज्ञो भवभूतिर्नाम कविर्निसर्गसौहृदेन भरतेषु वर्तमानः स्वकृतिमेवंगुणभूयसीमस्माकं हस्ते समर्पितवान्। यत्र खल्वियं वाचोयुक्तिः -

ये नाम केचिदिह नः प्रथयन्त्यवज्ञां
जानन्ति ते किमपि तान् प्रति नैष यत्नः।[4]

वे अपनी द्वितीय रचना उत्तर रामचरित में अपने श्रोत्रिय होने का उल्लेख नहीं करते और उसमें तथा महावीर चरित में वैदिक[5] अतिथि-स्वागत के बीच 'समांस मधुपर्क' का जान-बूझकर उल्लेख करते हैं।[6] तृतीय और अन्तिम नाट्यकृति महावीर चरित के समय तक पुनः सामाजिक प्रतिष्ठा अर्जित कर वे अपने को 'श्रोत्रिय-पुत्र' और अभिनेता नटों का केवल मित्र 'कविमित्रधेयम्[7]' कहने लगते हैं।

---

1. क्रमानुसार उत्तर 1.9, वही पृ. 62, पृ. 118, पृ. 175, पृ. 404।
2. रजकः चर्मकारश्च नटो वरुड़ एव च कैवर्त्तमेदभिल्लाश्च सप्तैते अन्त्यजाः स्मृताः। शब्दकल्पद्रुम 1.55
3. द्रष्टव्य द्वितीय अध्याय 'भवभूति की शब्द-यात्रा'।
4. मालती-माधव, पृ. 12-13
5. स य एवं विद्वान् मांसमुपसिच्योपहरति यावद् द्वादशाहेनेष्ट्वा सुसमृद्धेनावरुन्धे तावदेनेनाव रुन्धे। अथर्व 9.6.4.7-8
6. समांसो मधुपर्क इत्याम्नायं बहु मन्यमानाः श्रोत्रियाभ्यागताय वत्सतरीं महोक्षं वा पचन्ति गृहमेधिनः तं हि धर्मं धर्मसूत्रकाराः समामनन्ति। उत्तर. पृ. 285
   - संज्ञप्यते वत्सतरी सर्पिष्यन्नं च पच्यते। महावीर. 3.2
7. वही. प्रस्तावना पृ. 6-7

भवभूति के नारी-रूपांकन

सप्तम शताब्दी के उत्तरार्द्ध में वैदिक, बौद्ध, शाक्त एवं कौल आदि विभिन्न परम्पराओं से युक्त और मनमानी करते अनेक सामन्तों द्वारा शासित विदर्भ तथा मध्यप्रदेश से घिरे भारत के केन्द्र भाग में सावधानीपूर्वक अध्ययन के साथ भ्रमण करते रहे - महाकवि भवभूति। अष्टम शताब्दी के पूर्वार्द्धवर्ती अपने जीवन-काल में उन्होंने तीन साहित्य-शीर्ष रूपकों का प्रणयन किया, जिनमें नारियों के मुग्ध स्वभाव, स्नेह-पल्लवन, वैवाहिक कूटनीति और शाश्वत अनुराग अतिशय मुखर हुए हैं।

आज प्रायः सभी सहृदय आचार्य बेल्वल्कर के इस विचार से सहमत हैं कि भवभूति का मालती-माधव प्रकरण उनकी आत्मकथा का ही नाटकीय रूप है। इस दृष्टि से हम अन्तरंग प्रमाण को मान्यता दें तो दूब, प्रियंगु और नीलकमल[2] से आकर्षक[3] साँवले भवभूति विदर्भदेशीय राजमन्त्री के पुत्र थे। वे पद्मावती (ग्वालियर के निकट पवाया) आकर विद्याध्ययन और वैवाहिक प्रेम-प्रसंग में उलझे तथा अपनी पारदर्शी संवेदनाएँ मालती-माधव आदि रूपकों में अंकित करते रहे।[4] रावण के पौराणिक चरित्र तथा नन्दन, भूरिवसु के प्राकरणिक चरित्रों के बीच लोकापवाद से घुटते हुए नारी-स्वाभिमान को बचाने के लिए उन्होंने अपनी लेखनी गतिशील की।

महाकवि ने अपने रचना-वितान में कन्या, कामिनी, अर्द्धांगिनी, देवी, विहारदासी[5], कुट्टनी, पिशाची[6], कापालिकी और सती-असती नारियों के अनेक चित्र अंकित किए हैं। यहाँ कामसूत्र के निर्देशवश कन्याएँ[7] ही नहीं, साध्वी बनी प्रौढ़ महिलाएँ भी घर

---

1. S.K. Belvalkar, Rama's later History. Introduction P. XXXVII
2. मालती, पृ. 88; 3.9; 5.5
3. साक्षात्कामः, मृगाङ्कनिभाननः, मर्त्यलोकालङ्कारभूतः। वही क्रमशः 1.16; 5.5; पृ. 145
4. परिच्छेदव्यक्तिर्न भवति पुरःस्थेऽपि विषये
   भवत्यभ्यस्तेऽपि स्मरणमतथाभावविरसम्
   न सन्तापच्छेदो हिमसरसि वा चन्द्रमसि वा
   मनोनिष्ठाशून्यं भ्रमति च किमप्यालिखति च।
   वही 1.32 यहां अक्षर-विन्यास की क्रिया 'आलिखति' से काव्य-रचना संकेतित है।
5. विहारदासीं मन्दारिकां कामयते। मालती, पृ. 29
6. वही 5.18
7. प्राग् यौवनात् स्त्री, प्रत्ता च पत्युरभिप्रायात्। कामसूत्र 1.3.2

से दूर जाकर विद्याध्ययन करती वर्णित हैं।[1] कोई राजनीतिक दूतकर्म करती और कोई योगसिद्धि पाकर आकाश में उड़ती हैं।[2] नायिकाओं अथवा आदर्शनारियों की निम्नांकित विशेषताएं अधिक भास्वर बन पड़ी हैं :

मुग्ध स्वभाव : नवयौवनाओं का चातुर्यहीन सौन्दर्य मुग्धस्वभाव कहलाता है। भवभूति की नायिकाएँ सयानी होकर भी इस गुण का परित्याग नहीं करतीं। सीता विवाह[3], दण्डकारण्य- निवास, परित्याग और पुनः स्वीकारक्षणों में मुग्धा ही बनी रहती हैं।[4] सरस कदलीगर्भ-सी कोमल मालती अत्यन्त उद्वेगजनक समय में भी मुग्धता के कारण केवल तीन वाक्य कई बार बोलती हैं :

कथमुपहारीकृतास्मि राज्ञस्तातेन। राजाराधनं खलु तातस्य गुरुकम्, न पुनर्मालती। हा तात त्वमपि मम नाम, एवमिति सर्वथा जितं भोगतृष्णया?[5]

महावीर-चरित की सीता में इतनी मुग्धता है कि अयोध्या लौटने को पुष्पक पर चढ़कर भी वे पूछती हैं - अस्माभिः साम्प्रतं क्व प्रस्थीयते?[6]

वस्तुतः पहले से कही जा रही[7] नारियों की पुष्प जैसी कोमलता भवभूति द्वारा कई बार रेखांकित की गई है :

कुसुमसमधर्माणो हि योषितः। मालती, पृ. 308
पुरन्ध्रीणां चित्तं कुसुमसुकुमारं हि भवति। उत्तर, 4.12
नैसर्गिकी सुरभिणः कुसुमस्य सिद्धा
मूर्ध्नि स्थितिर्न मुसलैर्बत कुट्टनानि। मालती 9.51। इत्यादि।

---

1. मालती. पृ. 22, उत्तररामचरित (साहित्यभण्डार मेरठ 92) 2.3
2. तथाऽहमुत्पतिता यथा सकल एव गिरिनगरग्रामसरिदरण्यव्यतिकरश्चक्षुपा परिपिच्यते। मालती, पृ. 377
3. उत्तर. 1.20; महावीर 1.21
4. इत्यादिभिः प्रियशतैरनुरुध्य मुग्धां तामेव शान्तमथवा किमिहोत्तरेण। उत्तर 3.26 एवं 1.46, 7.19
5. मालती, पृ. 108, 113, 120, 129 और समान रूप से, पृ. 227, 229
6. महावीर, पृ. 305. यहाँ मन्दोदरी की सीख सुनकर प्रतिनायक कहता है - इदं तदप्रतीकार्यं मौग्ध्यमबलानामिति, पृ. 260
7. कुसुमसमधर्माणो हि योपितः सुकुमारोपक्रमाः। कामसूत्र 3.2.6
 - कुसुमसदृशं प्रायशो ह्यङ्गनानां सद्यःपाति प्रणयि हृदयम्। मेघदूत. 10

प्रेम-प्रसंग : कहीं-कहीं कामिनियों के बरबस प्रेम-प्रसंग भवभूति साहित्य में देखने को मिलते हैं, जैसे - कटाक्ष-निरीक्षण, अर्धरात्रि के उत्सव में सुरापान और चिन्तन में प्रिय-समागम का अनुभव।[1] कवि की मान्यता है कि दो हृदयों के मेल से उत्पन्न होनेवाला प्रेम अहेतुक और अनिवार्य होता है[2] :

हृदयं त्वेव जानाति प्रीतियोगं परस्परम्। उत्तर 6.32

वैवाहिक कूटनीति : उभरती अवस्था की कामिनियों के विवाह निर्धारण में बहुशः क्लेश, निराशा, छल और कलह होते हैं। महावीर-चरित में वैवाहिक बदले की भावना से राम को जंगल निकालने की रावणपक्षीय दुरभिसन्धि पहली बार[3] साहित्य रेखाओं में आई है। यहाँ शूर्पणखा मन्थरा के शरीर में प्रवेश कर सिद्धाश्रम पहुँचती और कैकेयी का कृत्रिम पत्र दिखाकर राम आदि को वन निर्वासित करा देती है। राम को यहीं से देखकर वह श्रृंङ्गारोन्मुख होती है। उसकी दुरभिसन्धि एवं शृंगार से बाद की घटनाएं परिणामस्वरूप पल्लवित होती हैं - राम-रावण युद्ध एवं सीता-निर्वासन।

मालती-माधव में मालती युवा माधव को चाहती है, पर उसका पिता राजाज्ञा-वश उसे अधेड़ वय के नन्दन से ब्याहना चाहता है। राजाज्ञा बदलवाने की प्रक्रिया में क्या क्या घटनाएँ नहीं होतीं - बाघ से लड़ाई, मालती के बलिदान का उपक्रम, नरमांस का विक्रय, स्त्री बने पुरुष से पुरुष का विवाह, आत्म-हत्या की चेष्टा, अघोर साधना, परिवर्तित वेश वाले कन्या एवं वर का मिलन और युद्ध आदि। यह सरस, अद्‌भुत और चटख सन्दर्भों का प्रकरण सचमुच भवभूति की अनुभूत जीवनी-सा प्रतीत होता है।

शाश्वत अनुराग : महाकवि की नायिकाएँ एक जन्म ही नहीं, हर जन्म साथ रहने वाले शाश्वत अनुराग का प्रतिनिधित्व करती हैं। जो पास रहकर विकसित कमल के आभ्यन्तर स्पर्श का सुख देती[4], आँगन की लक्ष्मी, आँखों की अमृतशलाका और अंगों

---

1. मालती पृ. 89-90, 4.2; 5.7; 8.10 और 2.5
2. अहेतुः पक्षपातो यस्तस्य नास्ति प्रतिक्रिया स हि स्नेहात्मकस्तन्तुरन्तर्भूतानि सीव्यति। उत्तर 5.17

   अन्य द्रष्टव्य : वही 2.19, 6.12 तथा महावीर, 1.25
3. अनर्घराघव में भुरारि तथा बालरामायण में राजशेखर इसी दुरभिसन्धि को अंशतः संशोधित कर पुनः उपन्यस्त करते हैं।
4. मालती, पृ. 279

में चन्दन-लेप[1] सी प्रतीत होती हैं, वे ही दूर जाकर पति को ऐसे अनुभव देती हैं मानो उसका हृदय निर्धूम अग्नि में पक रहा हो, शरीर लकड़ी का बन गया हो और संसार उजड़े जंगल-सा बेमानी दिखलाई दे[2] रहा हो। मालती की कामना है :

माधव! परलोकगतोऽपि युष्माभिः स्मर्तव्योऽयं जनः। न खलु स उपरतो यस्य वल्लभः स्मरति (पृ. 237)।

और सीता का दृढ़ विश्वास है :

स्थिरप्रसादा यूयम्, इत इदानीं किमपरम्? (पृ. 87)

जीवन के उत्तरार्ध में शैव मान्यताओं के साथ कन्नौज रहते[3] हुए इस शाश्वत संवेदना का उन्हें जो साक्षात्कार हुआ, वह आज तक सहृदयों की अविस्मरणीय सौगात बना हुआ है।

---

1. उत्तर, 1.38; मालती. पृ. 49;9.22; महावीर. 2.22; 7.17
2. उत्तर, 6.51, 1.46-47, मालती. 5.30
3. महाकवि भवभूति - डॉ. गंगासागर राय, चौखम्वा विद्याभवन, वाराणसी-90, पृ. 16-23

विश्वजनीन समीक्षाएँ

संस्कृत नाट्य-जगत् में महाकवि भवभूति का बड़ा नाम है। प्रयोगधर्मी समीक्षक कहते हैं :

कवयः कालिदासाद्या भवभूतिर्महाकविः।

अर्थात् कालिदास आदि सभी कवि श्रेणी में आते हैं, जब कि भवभूति महाकवि हैं।

सदुक्तिकर्णामृत में यही बात विस्तार से कही गई है। उसका मूल पद्य है :

सुबन्धौ भक्तिर्नः क इह रघुकारे न रमते
धृतिर्दाक्षीपुत्रे हरति हरिचन्द्रोऽपि हृदयम्
विशुद्धोक्तिः शूरः प्रकृतिमधुरा भारविगिरः
तथाप्यन्तर्मोदं कमपि भवभूतिर्वितनुते।

कि सुबन्धु का हम सम्मान करते हैं, रघुवंश के रचयिता हर किसी को अच्छे लगते हैं, पाणिनि को पढ़कर भविष्य के लिए धैर्य बँधता है, हरिचन्द्र भी अन्तर्मन चुराते हैं, कवि शूर की उक्तियाँ परिष्कृत और भारवि की स्वभावतः मधुर होती हैं, पर इन सबसे बढ़कर एक अनिर्वचनीय आन्तरिक हुलास से भवभूति की रचनाएँ ही सराबोर कर पाती हैं।

आर्यासप्तशती के रचयिता गोवर्धनाचार्य के अनुसार भवभूति की करुणापूर्ण रचनाओं से सरस्वती हिमालय की पर्वतीय धरती बन गई हैं, जहाँ की पिघलती हुई हर चट्टान अश्रु-प्रवाह से तर-बतर प्रतीत होती है। उनके शब्द हैं :

भवभूतेः सम्बन्धाद्
भूधरभूरेव भारती भाति
एतत्कृतकारुण्ये
किमन्यथा रोदिति ग्रावा। 1.36

सहृदय-जगत् चिरकाल से भवभूति के रचना-सागर में 'अर्थसमूह-रूपी विचित्र जलचर' देखने को उत्कण्ठित और 'काव्यामृत-रस-कण' पाने को लालायित रहा है।

काव्यमीमांसा के प्रणेता कविराज राजशेखर ने उन्हें आदिकवि महर्षि वाल्मीकि

का अवतार निरूपित किया है।[1] विक्रमार्क के नाम से उद्धृत की जाने वाली यह उक्ति तो प्रसिद्ध ही है कि उत्तर-रामचरित के रचनाकार भवभूति कालिदास से भी आगे बढ़ गए हैं :

उत्तरे रामचरिते भवभूतिर्विशिष्यते।

अन्तर्राष्ट्रीय समीक्षा के क्षेत्र में पाश्चात्य समीक्षक क्लीन ने भवभूति को भारत का शेक्सपियर माना है।[2] एच.एच. विल्सन के अनुसार भवभूति में ऐसे उदात्त विचारों का स्फुरण होता है जिसकी न्यायसंगतता अथवा सुन्दरता का अतिक्रमण किसी साहित्य में नहीं किया जा सकता।[3] ए. वेबर ने उनके तीनों नाटकों की गणना संस्कृत के उत्तम नाटकों में की है।[4] विण्टरनित्स ने कहा है कि करुण के वर्णन में भवभूति कालिदास से आगे हैं। जिस प्रेम का उन्होंने चित्रण किया है, वह आत्मा से अधिक संबद्ध है, इन्द्रियों से नहीं।[5]

इधर के भारतीय समीक्षक भी उनके नाटकों को बहुत ऊँचा प्रतिमान देते हैं। महामहोपाध्याय काणे का कथन है कि संस्कृत के नाटककारों तथा कवियों के नक्षत्र-मण्डल में भवभूति सर्वाधिक देदीप्यमान नक्षत्रों में से एक हैं।[6] डॉ. भाण्डारकर के अनुसार करुणा की कोमलता और गम्भीरता को उन्होंने सफलतापूर्वक व्यक्त किया है। साधारण वस्तुओं तथा कार्यों में भी सौन्दर्य को ढूँढ़ निकालने तथा भावों के सूक्ष्मातिसूक्ष्म अन्तर को स्पष्ट करने का कौशल भी उनमें है। शैली तथा अभिव्यंजना शक्ति पर उन्हें पूर्ण अधिकार है।[7] राहुल सांकृत्यायन ने कहा कि उनकी सबसे सुन्दर कृति उत्तर-रामचरित है, जिसे संस्कृत के उत्कृष्ट नाटकों में रखा जा सकता है और इसी से भवभूति

---

1. बालरामायण 1.16
2. Klein. History of dramas, Vol. III, P. 51
   Dasgupta and de. A History of Sanskrit Literature, P. 76.3
3. डॉ. गंगासागर राय। महाकवि भवभूति पृ. 223 पर उद्धृत।
4. A. Weber. The History of Indian Literature. Chowkhamba Varanasi 1961.
5. Winternitz. G.I.L. III, P. 236
   The History and culture of the Indian People Vol. III, P. 308
6. पी.वी. काणे उत्तररामचरित. Introduction, पृ. 1
7. आर.जी. भाण्डारकर - मालती-माधव, Introduction, पृ. 11.

का लोहा मानने के लिए हम मजबूर हैं।[1] आचार्य बलदेव उपाध्याय की धारणा है कि भवभूति के जोड़ का नाटककार कालिदास को छोड़कर संस्कृत साहित्य में दूसरा कोई नहीं हुआ। उत्तर रामचरित संस्कृत साहित्य की ही नहीं, प्रत्युत विश्व नाटक-साहित्य की एक दिव्य विभूति है।[2] महाकवि के सन्दर्भ में राष्ट्रकवि मैथिलीशरण गुप्त की अत्यन्त संवेदनापूर्ण उक्ति है :

करुणे! तू क्यों रोती है? उत्तर में वह और अधिक रोई
मेरी विभूति है उसको भवभूति कहे क्यों कोई।

वाचस्पति गैरोला के अनुसार शृंगार के संयोग और विप्रलम्भ दोनों पक्षों का भवभूति ने बड़ी कुशलता से चित्रण किया है। उनका यह शृंगार-वर्णन सभी तरह से मर्यादित एवं आदर्शपूर्ण है। इसीलिए भवभूति को आदर्शमय प्रेम का सर्वोच्च कवि मांना जाता है।[3] डॉ. द्वारिका प्रसाद ने भी उनकी काव्यात्मक विशेषताएँ रेखांकित करते हुए यही सिद्ध किया है कि भवभूति कालिदास से श्रेष्ठ हैं।[4] डॉ. कमलेश दत्त त्रिपाठी के कथन से इस समीक्षा-सन्दर्भ का उपसंहार किया जा सकता है। उनके शब्दों में इस लोक की चेतना के साथ लोकोत्तर का जो सम्बन्ध है, वह वाल्मीकि से स्वयं भवभूति दायी के रूप में प्राप्त करते हैं। यह लोक जो माधव में है... मालती में है। मालती और माधव का लोक उच्छल रूप से दिखाई पड़ता है। मालती माधव से महावीर तक होते हुए उत्तर-चरित तक की जो यात्रा है, वह दरअसल लोक से लोकोत्तर होने की यात्रा है। भवभूति इस अर्थ में लोक के कवि हैं और लोकोत्तरता के कवि हैं। वे इसी अर्थ में संस्कृत के दूसरे नाटककारों से अलग नाटककार हैं।[5]

---

1. राहुल सांकृत्यायन - संस्कृत काव्यधारा, पृ. 736
2. आचार्य बलदेव उपाध्याय - संस्कृत वाङ्मय, पृ. 69-70
3. संस्कृत साहित्य का संक्षिप्त इतिहास, पृ. 642
4. संस्कृत साहित्य का इतिहास, पृ. 111-119
5. कवि भवभूति और उनका नाट्यलोक, पृ. 104

कालिदास और भवभूति

भारत-हृदयनिवेशे, मध्ये देशे तपोवनोद्देशे।
कालिदास-भवभूती, शब्दविभूती पुराऽभूताम् ।। 1।।

महाकवि कालिदास और भवभूति विश्व की श्रेष्ठ विभूतियाँ हैं। उन दोनों का आविर्भाव प्राचीन काल में तपोवनों से मण्डित, भारत के हृदयस्थल के समान केन्द्रवर्ती मध्यप्रदेश में हुआ था। 1।

सप्तभुवनसन्तानं, कृतिसप्तकमस्ति कालिदासस्य।
लोकत्रयं जिगीषति, रचना-त्रितयं हि भवभूतेः।।2।।

यदि कालिदास की सात कृतियाँ इतनी लोकप्रिय हैं कि सात भुवनों में व्याप्त हैं तो भवभूति की तीन रचनाएँ भी तीन लोकों में चर्चित हैं और अत्यन्त स्पृहणीय बन पड़ी हैं।2।

तारुण्ये कवनीये, को धीरः कालिदासमतिशेते।
कारुण्ये कवनीये, समानधर्मा क्व भवभूतेः।।3।।

नई तरुणाई के सन्दर्भ लें तो कोई रचनाकार कालिदास की ऊँचाई नहीं छू सकता और करुण रस के सन्दर्भ लें तो विश्व में भवभूति की बराबरी कोई नहीं कर सकता ।3।

संवत्सर-साहस्री-प्रथमावतरो हि कालिदासोऽभूत्।
किन्तु स वै भवभूतेर्युवतर आलक्ष्यते कृतिभिः।।4।।

उन दोनों में कालिदास कोई एक हजार वर्ष पहले हुए थे, पर रचनाओं की श्रृंगारमयता के कारण वे भवभूति की अपेक्षा आधुनिक और कम अवस्था वाले प्रतीत होते हैं।4।

चारुणि कविताक्षेत्रे, न्यूनाधिकता न कस्यचिल्लक्ष्या।
कविकुलगुरु-भवभूती, सुरभारत्या उभे नयने।।5।।

काव्य-सौन्दर्य की दृष्टि से उनमें कोई एक-दूसरे से कम नहीं हैं। कालिदास तथा भवभूति सुरभारती के ही एक जैसे दाएँ और बाएँ नेत्र हैं।5।

भवभूति शिवभक्तः, काल्या दासश्च कालिदासोऽभूत।

सम्प्रदायसमतायामुभयोः साम्यं स्वतः सिद्धम्।।6।।

भवभूति शिव-भक्त थे तो कालिदास काली के आराधक। दोनों का सम्प्रदाय एक होने से उनकी रचनाओं का समान स्वर हो जाना निर्विवाद सा है।6।

सीता-पवित्रतायां, पातिव्रत्ये शकुन्तलायाश्च।

या श्रीः सा प्रतिभाऽऽस्ते, भवभूतौ कालिदासे च।।7।।

देवी सीता की पवित्रता और शकुन्तला के पतिव्रत की गरिमा ही भवभूति और कालिदास की प्रतिमा बनकर उनकी रचनाओं में झलकती है।7।

माधव एकः साक्षाद्, विलसति चान्यः पुरूरवा एव

नामविभेदः सोऽयं भवभूतेः कालिदासस्य।।8।।

एक साक्षात् माधव हैं और दूसरे प्रसन्न पुरूरवा। भवभूति और कालिदास की यही विभेदक पहचान है।9।

सामान्ये नटमञ्चे, क्रीड्यन्ते कालिदासनाट्यानि

बहुभूमिके च मञ्चे, कृतयो विलसन्ति भवभूतेः।।9।।

कालिदास की नाट्य-रचनाएँ किसी भी सामान्य मंच पर अभिनीत की जा सकती हैं, जबकि भवभूति के रूपक बहुमंजिले (थियेट्रिकल) मंच पर निखरते हैं।9।

व्याहारे व्यवहारे, यः कश्चन लक्ष्यतेऽधुना भेदः।

मालव-गालवपुरयोः, कवीन्द्रयोस्तादृशो वेद्यः।।10।।

आज के मालवा और ग्वालियर अंचल की बोली एवं व्यवहार में जो सूक्ष्म अन्तर है, वही साहित्यिक स्तर पर इन प्रतिनिधि कवियों में रूपायित होता है।10।

काल्यादासः क्लान्तः, श्रृङ्गारं कल्पयन् कलाभेदैः

करुण-वीर-शृंङ्गारान् सम्यगकलयत् स भवभूतिः।।11।।

कालिदास की प्रतिभा शृंगार की विविध छवियाँ उकेरती है, जबकि भवभूति करुण, वीर और शृंगार - तीनों का सफल चित्रांकन करते हैं। ।11।

ध्वनिकाव्ये वक्रोक्तौ, शैलीभेदः प्रकल्प्यते यावान्।

कालिदास-भवभूत्योस्तावानेव प्रभेदः स्यात्।।12।।

ध्वनि काव्य और वक्रोक्ति शैली में कुल मिलाकर एक पारिभाषिक अन्तर है, बस उतना ही अन्तर कालिदास एवं भवभूति के शिल्प-विधान में चाहें तो मान लें।12।

दीपशिखा-वैशिष्ट्यं, प्रकृतेरनुभाव-मानवीकरणम्।
निभृत-विभावमहिम्ना, स्वीकुर्वन् भाति भवभूतिः।।13।।

कालिदास की यह विशेषता है कि वे प्रकृति का मानवीकरण कर उसके माध्यम से अनेक अनुभावों की अभिव्यक्ति देते हैं, जबकि भवभूति प्राकृतिक उपादानों में पूर्ण विभाव की गरिमा स्थापित कर उन्हें जीवन्त पात्र बना देते हैं।13।

प्राकृतपद्यकलापे, लोकरुचिर्म्भाति कालिदासस्य।
आर्षपदाञ्चितकाव्ये, वेदरुचिः किञ्च भवभूतेः।।14।।

प्राकृत पद्यों के बहुधा प्रयोग से कालिदास की लोक-रुचि उजागर होती है, जबकि आर्ष पदों के बेझिझक प्रयोग से भवभूति की वैदिक अभिरुचि प्रकट होती है।14।

कृतरचना-षट्कर्मा, राघवचेताः स कालिदासोऽभूत्।
प्रारम्भादन्तावधि, राममयो भाति भवभूतिः।।15।।

छः रचनाओं का ताना-बाना बुनते हुए कालिदास अन्त में राम की ओर उन्मुख होते हैं, परन्तु भवभूति की संवेदनाएँ प्रारम्भ से अन्त तक राममय बनी रहती हैं।15।

सत्यपि रति-कृतिभेदे, सुरभारत्या उभे हि नक्षत्रे।
दिवसमणी रघुकारो, भवभूतिः पार्वणश्चन्द्रः।16।

शैली और अभिरुचि संबंधी इन सूक्ष्म भेदों के रहते हुए भी दोनों देववाणी के जगमग नक्षत्र हैं। कालिदास को हम सूर्य कह लें तो भवभूति पूर्णमासी के समुज्ज्वल चन्द्रमा हैं।16।

सन्दर्भ-तालिका

1. अथर्ववेद - सातवलेकर - भाष्य सहित
2. अष्टाध्यायी, चौखम्वा, वाराणसी
3. आर्केलाजिकल सर्वे ऑफ इण्डिया, 1915-16
4. उत्तर-रामचरितम् - डॉ. रमाशंकर त्रिपाठी, कृष्णदास अकादमी, वाराणसी, 1996
5. उत्तर-रामचरित - पी.वी. काणे, मोतीलाल बनारसीदास, 1962
6. ए हिस्ट्री ऑव् संस्कृत लिटरेचर - ए.ए. मैकडानल, मुंशीराम मनोहरलाल नई सड़क, दिल्ली-6, 1961
7. ए हिस्ट्री ऑव् संस्कृत लिटरेचर - एस.एन. दासगुप्ता तथा एस.के. डे, कलकत्ता, 1962
8. एंशिएण्ट इण्डिया, हिस्ट्री एण्ड कल्चर, एशिया पब्लिशिंग हाउस, बम्बई, 1956
9. कवि भवभूति और उनका नाट्यलोक - डॉ. राधावल्लभ त्रिपाठी, डॉ. भास्कराचार्य त्रिपाठी, संस्कृत परिषद्, सागर, 1987
10. द क्लासिकल पीरियड ऑव् संस्कृत लिटरेचर. एम्. कृष्णमाचार्य, मद्रास, 1906
11. द थियेटर ऑव् द हिन्दूज़, कलकत्ता, 1827
12. द हिस्ट्री ऑव् इण्डियन लिटरेचर, ए. वेबर, चौखम्वा, वाराणसी, 1961
13. द हिस्ट्री एण्ड कल्चर ऑव् द इण्डियन पीपुल (खण्ड 3), भारतीय विद्याभवन, बम्बई, 1954
14. पद्मपुराण. स्वर्गखण्ड
15. पद्मावती - डॉ. मोहनलाल शर्मा, म.प्र. हिन्दी ग्रन्थ अकादमी, 1971

16. भवभूति के नाटक - डॉ. ब्रजवल्लभ शर्मा, म.प्र. हिन्दी ग्रन्थ अकादमी, 1973

17. महावीर चरितम् - व्याख्याकार आचार्य श्री रामचन्द्र मिश्र, चौखम्वा विद्याभवन, वाराणसी, 1968

18. महाकवि भवभूति - डॉ. गंगासागर राय. चौखम्भा, विद्याभवन, वाराणसी, द्वितीय संस्करण, 1990

19. मालती-माधव - डॉ. आर.जी. भाण्डारकर, गवर्नमेंट सेंट्रल बुक डिपो, बंबई, 1905

20. शब्दकल्पद्रुम - नाग पब्लिशर्स, दिल्ली

21. संस्कृत कवियों के व्यक्तित्व का विकास - डॉ. राधावल्लभ त्रिपाठी, संस्कृत परिषद्, सागर विश्वविद्यालय, 1976

22. संस्कृत काव्यधारा - राहुल सांकृत्यायन, किताब महल, इलाहाबाद, 1958

23. संस्कृत के महाकवि और काव्य - डॉ. रामजी उपाध्याय एवं डॉ. रामगोपाल मिश्र

24. संस्कृत ड्रामा, मोतीलाल बनारसीदास, दिल्ली, 1965

25. संस्कृत साहित्य का इतिहास - द्वारिका प्रसाद सक्सेना, विनोद पुस्तक मंदिर, आगरा, 1963

26. संस्कृत साहित्य का संक्षिप्त इतिहास - वाचस्पति गैरोला, चौखंबा, वाराणसी, 1960

27. संस्कृत वाङ्मय, आचार्य बलदेव उपाध्याय, शारदामन्दिर, बनारस, 1954

28. संस्कृत सुकवि समीक्षा, प्रथम संस्करण, 1963

29. सप्तपर्णा. महादेवी वर्मा

30. सर्वे ऑव् संस्कृत लिटरेचर, भारतीय विद्याभवन, बम्बई, 1962

31. साहित्यदर्पण, चौखंम्बा, वाराणसी, 1996

डॉ. भास्कराचार्य त्रिपाठी

डॉ. त्रिपाठी संस्कृत साहित्य के अग्रणी विद्वान् हैं। इन्होंने अपने कृतित्व से न केवल एक अंतर्राष्ट्रीय पहचान बनाई अपितु म.प्र. संस्कृत अकादमी तथा उसके मुखपत्र 'दूर्वा' को शाश्वत पहचान दी है। सरगुजा में रामगढ़ उत्सव का शुभारंभ आपके प्रयास से ही हुआ था। प्रयाग-चित्रकूट अंचल (पाँडर जसरा, इलाहाबाद) में अनंत चतुर्दशी, संवत् 1999 (23.9.1942) को आपका जन्म हुआ था। ज्योतिप विद्या के विशिष्ट हस्ताक्षर पिता श्री रामप्यारे त्रिपाठी की सारस्वत छाया में शैशव बीता तथा स्नातक उपाधि से समस्त दीक्षाएँ यूनिवर्सिटी इलाहाबाद में प्राप्त कीं (डी. फिल्. 1965)।

मध्यप्रदेश की शासकीय शिक्षा सेवा में छतरपुर, अंविकापुर, रीवा तथा भोपाल के स्नातकोत्तर महाविद्यालय कार्यस्थल रहे। देववाणी परिषद, नई दिल्ली, म.प्र. शिक्षा (उच्च स्तरीय संस्कृत विशेषज्ञ) समिति एवं केन्द्रीय अध्ययन मंडल, भोपाल की सदस्यता के अतिरिक्त इंदिरा कला संगीत विश्वविद्यालय, खैरागढ़ (दो बार) तथा हिमालयन इंटरनेशनल इंस्टीट्यूट, हॉन्सडेल, पेंसिलवानिया, यू.एस.ए. में अतिथि प्राध्यापक के रूप में कार्य किया। अमेरिका के सांस्कृतिक केंद्र फ़िलाडेल्फ़िया में संयोजित षष्ठ विश्व संस्कृत सम्मेलन में 'वीमेन ऑव् कालिदास' विषय पर शोध व्याख्यान (1984) उल्लेखनीय रहा। आपकी अन्य उपलब्धियाँ हैं :

म.प्र. संस्कृत अकादेमी, भोपाल में प्रतिनियुक्ति पर सचिव (1985-93)। सुर भारती सेवा संस्थानम् (1997) मैनपुरी (उ.प्र.) के विद्वत्सम्मान, दिल्ली संस्कृत अकादमी के पंडितराज एवं चारुदेव शास्त्री पुरस्कार, म.प्र. संस्कृत अकादेमी के भोज पुरस्कार (1995), उ.प्र. संस्कृत अकादमी के विशिष्ट पुरस्कार (1992), दिल्ली संस्कृत अकादमी के प्रथम समीक्षा पुरस्कार तथा साहित्य अकादमी पुरस्कार से सम्मानित (2003)। समकालीन संस्कृत रचनाधर्मिता से जुड़ी हुई प्रकाशित रचनायें गद्यद्वादशी, लक्ष्मीलांछनम्, मृत्कूटम्, निलिम्पकाव्यम्-निर्झरिणी, संस्कृतजीवनम्, स्नेहसौवीरम्, अजाशती, लघुरघु (पांच भाग), तौर्यत्रिकम् (सुतनुकालास्यम् आदि तीन ध्वनिरूपक) एवं साकेतसौरभम् महाकाव्य, कवि भवभूति और उनका नाट्यलोक (संयुक्त), संपादन कृष्णावतार, मानस-मधु, दूर्वा (24 अंक), भोजभारती। *अनुवाद* : समीक्षा बालरामायणम् (दो भाग), संस्कृत की पहचान। प्रकाश्यमान अक्षरा, बदले पंख, अच्छी हिंदी आदि। आकाशवाणी (1954) तथा दूरदर्शन से अनेक प्रसारण।

अवधेश प्रताप सिंह वि.वि., रीवा के प्राच्य संकायाध्यक्ष रहे। सम्प्रति : केन्द्रीय विश्वविद्यालय पाण्डिचेरी के 'विज़िटर्स नामिनी' आदि राष्ट्रीय सन्दर्भों के संस्कृत उपक्रम से संलग्न।

'अक्षय निधि' श्रृंखला की अन्य पुस्तकें

- भोजदेव
  डॉ. भगवतीलाल पुरोहित
- वराहमिहिर : जल जीवन है
  पं. ईशनारायण जोशीण
- भर्तृहरि : कविता का पारस पत्थर
  सुधीर रंजन
- वररुचि नीतिरत्न
  डॉ. भगवतीलाल पुरोहित
- महाकवि भवभूति
  डॉ. भास्कराचार्य त्रिपाठी

शीघ्र प्रकाश्य

- **भास**
  डॉ. श्रीनिवास रथ
- **कालिदास**
  डॉ. कमलेश दत्त त्रिपाठी
- **भगतसिंह** (उर्दू से हिन्दी में पुनर्प्रकाशन)
  दीया किशन गंजूर
- **तानसेन**
  लक्ष्मण भांड

स्वराज संस्थान संचालनालय

स्वाधीनता संग्राम से लेकर स्वराज के बहुआयामों पर शोध, संदर्भ, दस्तावेजीकरण पर एकाग्र

स्थापना वर्ष : 1998/ गतिविधियाँ : भारत और दुनिया भर में हुए स्वाधीनता संघर्ष पर केन्द्रित स्मृति चिन्हों, फिल्मों, समाचार-पत्रों, पुस्तकों, चित्रों और अन्य माध्यमों की रचनाओं का संग्रह, निर्माण एवं प्रदर्शन, व्याख्यान, गोष्ठियों, अध्ययन, शोध, फैलोशिप आदि कार्यक्रमों का आयोजन, दुर्लभ, प्रामाणिक, ऐतिहासिक एवं अन्य विविध ग्रंथों का संग्रह एवं प्रकाशन, वेबसाइट का प्रवर्तन, संचालन डॉ. शंकरदयाल शर्मा स्वाधीनता संग्राम राज्य संग्रहालय एवं शहीद स्मारक भवन का संचालन, स्वतंत्रता सेनानियों-शहीदों-महापुरुषों को समर्पित शताब्दी-जयन्ती आयोजन एवं स्वैच्छिक संगठनों को सहायता अनुदान।

रवीन्द्र भवन परिसर, भोपाल - 462 002; फोन : 2660563, फैक्स : 2660407